2023

中国职业教育质量年度报告

中国教育科学研究院　编著

高等教育出版社·北京

图书在版编目（CIP）数据

2023中国职业教育质量年度报告 / 中国教育科学研究院编著. -- 北京：高等教育出版社，2023.12
ISBN 978-7-04-061340-7

Ⅰ. ①2… Ⅱ. ①中… Ⅲ. ①职业教育 – 教育质量 – 研究报告 – 中国 –2023 Ⅳ. ① G719.2

中国国家版本馆CIP数据核字（2023）第213657号

2023中国职业教育质量年度报告
2023 ZHONGGUO ZHIYEJIAOYU ZHILIANG NIANDU BAOGAO

策划编辑 贾瑞武　责任编辑 周先海　封面设计 李卫青　版式设计 马 云
责任绘图 邓 超　责任校对 王 雨　责任印制 沈心怡

出版发行 高等教育出版社
社　　址 北京市西城区德外大街4号
邮政编码 100120
印　　刷 涿州市星河印刷有限公司
开　　本 787mm×1092mm 1/16
印　　张 10.5
字　　数 130千字
购书热线 010-58581118
咨询电话 400-810-0598
网　　址 http://www.hep.edu.cn
http://www.hep.com.cn
网上订购 http://www.hepmall.com.cn
http://www.hepmall.com
http://www.hepmall.cn
版　　次 2023年12月第1版
印　　次 2023年12月第1次印刷
定　　价 38.00元

物 料 号 61340-00

本书编委会

前言

当今，世界之变、时代之变、历史之变正以前所未有的方式展开。世界多极化、经济数字化、文化多样化深入发展，各国相互联系和依存日益加深。面对风高浪急的国际环境和艰巨繁重的国内改革发展稳定任务，党和国家着眼于时代发展大势，提出建设中国式现代化的重大命题，一体化部署教育、科技、人才三大强国建设。职业教育是推进中国式现代化的基础、途径和支撑，是国民教育体系和人力资源开发的重要组成部分，肩负着培养多样化人才、传承技术技能、促进就业创业的重要职责，需要遵循行业发展和人才成长规律，强化自身内涵革新和使命担当，深化供给侧结构性改革和现代职业教育体系建设改革，切实提高自身的质量、适应性和吸引力，培养更多高素质技术技能人才、能工巧匠、大国工匠。

2022年，职业教育战线深入贯彻落实习近平总书记的重要指示批示精神和全国职业教育大会精神，聚焦提高质量和提升形象，提质培优，改革攻坚，狠抓落实。一是优化类型定位，修订《中华人民共和国职业教育法》（以下简称新《职业教育法》），将职业教育与普通教育的同等地位上升到法律层面。二是直击改革痛点，印发《关于深化现代职业教育体系建设改革的意见》，为解决职业教育发展难题提供制度支撑。三是重塑职教样态，落实教育数字化战略行动，上线国家职业教育智慧教育平台，推进优质教育资源共享和职业教育治理能力现代化。经过各界共同努力，我国职业教育发展环境更加优化，体系结构更加完善，类型特色更加突出，人才成长通道更加畅通，社会形象进一步提升，职业教育吸引力显著增强。

《2023 中国职业教育质量年度报告》基于“中职—专科高职—本科高职”一体化发展设计新理念、新思路，考察职业教育的基础建设与发展保障，突出职业教育产教融合特征，全览职业教育在人才培养、社会服务、文化传承、国际合作方面的功能，向社会全面展示 2022 年中国职业教育改革发展的新方向、新趋势、新作为、新成效。

2022 年，新《职业教育法》发布。《职业教育法》时隔 26 年首次完成大修，内容由 3 400 余字增至 10 000 余字，将国家发展职业教育的任务和实践成果上升为法律规范，为新时代职业教育高质量发展筑牢了法律基础。

2022 年，面对数字化浪潮，职业教育落实数字化战略行动，以构建国家职业教育智慧教育平台为抓手，汇聚各类资源 556 万条，累计访问量超 30 亿人次，释放数字技术对高素质技术技能人才培养的放大、叠加、倍增和溢出效应。数字化成为职业教育改革发展的重要载体和新方向。

2022 年，职业学校在助力更充分就业中展现独特优势。面对“史上最难就业季”，全国职业学校坚持就业导向，聚焦实体经济需求，培养了 70% 以上产业一线急需的技术技能人才，为经济企稳回升注入持续动力。首届职教本科毕业生就业率超过全国本科院校平均水平4.5%，实现高质量充分就业。

2022年，职业教育“走出去”成为新时代教育对外开放的一张“新名片”。我国发起并成功举办首届世界职业技术教育发展大会，“鲁班工坊”引领的中国职业教育国际品牌效应愈加凸显，4 148个国际课程标准被“一带一路”沿线国家采用，中国特色职业教育标准输出取得新进展，为助力“走出去”企业参与国际产能合作贡献重要力量。

在职业教育发展取得重大成就的同时，我们也需要注意到，职业教育仍面临办学条件不充分、资源建设与治理能力难以适应数字技术快速发展的要求、人口变动带来的教育格局变化等巨大挑战。未来，职业教育既要把握“大有可为”的历史机遇期，又要正视“大有空间”的现实差距，坚持以人民为中心，以高质量发展为主线，立足“三服务”，统筹“三协同”，推进职普融通、产教融合、科教融汇，为加快建设教育强国、科技强国和人才强国，全面建设社会主义现代化国家、全面推进中华民族伟大复兴作出新的更大贡献。

编者

2023年9月

目录

图目录

表目录

案例目录

1 人才培养

职业教育是国民教育体系和人力资源开发的重要组成部分，是广大青年打开通往成功成才大门的重要途径。2022年，职业学校坚持立德树人、德技并修，以数字化赋能高质量人才培养，将思想政治教育与技术技能培养融合统一，学生成长成才之路更加宽广。3 000余万职教学子在校“有学头”、技能“有练头”、升学“有渠道”、就业“有质量”。

1.1 立德树人

“三全育人”改革不断深化。职业学校坚持不懈用习近平新时代中国特色社会主义思想凝心铸魂，积极落实《职业院校“三全育人”典型学校建设指南》等要求，充分发挥党组织在“三全育人”工作中的领导核心和政治核心作用，不断增强育人的针对性和实效性。2022年，全国中等职业学校学生参与德育活动2 574万人次[1]，全国高等职业学校开展育人活动超过20万场次[2]。**江苏省**连续三年发布高校思想政治工作重点任务清单，形成教师学生互动、家庭社会协同、校内校外结合、线上线下融合的“三全育人”新格局。**天津市**通过建设沉浸式校园环境、优化人文环境、强化网络环境等方式，营造润物细无声的“三全育人”氛围。**广东省**聚焦“三全育人”效果，建立“三全育人”工作约束机制，统筹办学治校各领域、教育教学各环节、人才培养各方面，把“三全育人”综合改革纳入党委书记抓基层党建述职评议工作考核评价指标，育人成效显著。

案例1：探索教育新模式，构建育人新格局

重庆市南川隆化职业中学校实践“网格化”管理的“三全育人”路径，编织“人人参与管”的管理主体网，实施“五包”机制，落实

[1] 数据来源：全国中等职业学校管理信息系统

[2] 数据来源：全国高等职业学校人才培养工作状态数据采集与管理平台

全员育人；编织“时时有人管”的管理时间网，实施首问责任制和跟踪负责制，落实全程育人；编织“处处有人管”的管理空间网，将校园划分为26个网格，划定责任人，落实全方位育人。

济宁职业技术学院实施“思想铸魂、固本强基、匠心实践、多元文化”四大育人工程，建设包括13个展厅的“中国精神”思政数字教育馆，挖掘各类课程、活动、场所等的育人功能，形成“文化引领、网络赋能、教育融合、实践躬行”的“三全育人”新格局。网络思政育人成果获职业教育国家级教学成果二等奖。

无锡科技职业学院建设“学习强国”线下体验馆，构建“课堂+基地”线上线下相结合的学习教育模式，线下体验与线上学习同频共振，沉浸式、互动式、一站式学习方式推动“学习强国”更好地走近师生，形成有温度、有黏度的教育平台，帮助学生更好地理解理论热点与难点，增强了学生获得感。

图1　无锡科技职业学院“学习强国”线下体验馆

“大思政课”建设整体推动。职业学校深入推进习近平新时代中国特色社会主义思想进教材、进课堂、进头脑，广泛开展形式多样的主题活动，用数字化技术激活思政课新生态，讲深讲透讲活思政课。2022 年，中等职业学校思政课教师 4.75 万人，德育工作人员 11.48 万人[1]；高等职业学校思政课教师 4.01 万人，建设思想政治示范课 24.93 万门[2]。数据显示，“喜迎党的二十大”“感党恩、听党话、跟党走”“学习二十大，奋进新征程”等主题活动，参与学生近 5 000 万人次[3]。“悦读伴我成长”职教学生读党报活动，30 期 62 个线上视频播放量达 370 余万次。调查显示，中等职业学校、专科高等职业学校、本科高等职业学校在校生对思想政治课教学满意度高，分别为 95.7%、96.3% 和 94.9%[4]。**安徽省**积极推进网络思政建设，打造一体化智慧思政平台，建设课程视频资源 4 220 门、课件 3 780 个、教学案例 2 200 多个，平台总访问量超 1 600 万人次。**湖北省**结合行业特征、专业特色、学业特点，打造具有时代风貌、荆楚范式、校本特色的新时代思政课程。**甘肃省**通过思政课名师引领、师徒结对、吸收学员等方式推进思政课一体化建设。**辽宁省**建立马克思主义学院院长培训、骨干教师培训、教师岗前培训、教师集体备课的全链条培训体系，推动思政课教师队伍高质量发展。

案例 2：充分利用数字技术，激活思政育人新生态

山东省潍坊商业学校依据本校学生发展目标，系统设计由思想品德、学业水平、艺体素养、职业素养、社会实践 5 个维度 41 个标准要素及 120 个观测点组成的全局式评价指标体系，利用管理平台分析评价数据并生成可视化成长档案，实时多端共享评价结果，引导学生自我匡正，发挥评价导向、诊断和调控作用。

[1] 数据来源：全国中等职业学校管理信息系统

[2] 数据来源：全国高等职业学校人才培养工作状态数据采集与管理平台

[3] 数据来源：全国高等职业学校人才培养工作状态数据采集与管理平台，全国中等职业学校管理信息系统

[4] 数据来源：中国职业教育质量年度报告数据采集平台

福建信息职业技术学院的数字化大思政学习资源平台建设了“思政元素库、学习资源库、思政专题库、区域文化库”等结构化富媒体素材资源，创设无时不有的育人氛围和场域，形成了“大思政熔炉”育人模式。成果获职业教育国家级教学成果二等奖。

马鞍山师范高等专科学校打造“3+3+*n*+e”思政课实践教学模式，以班级为单位每学期分别进行3次校外和校内实践活动，根据专业特点不定期开展*n*次课内实践，通过e网络实践活动，关注学生的情感表达、学习态度和学习过程，思政课育人成效显著提升。

课程思政育人成效显著。职业学校贯彻落实《高等学校课程思政建设指导纲要》，精准把握学生成长发展需求和期待，准确定位不同课程的育人功能，推动课程思政与思政课程同向同行、同频共振，形成协同育人效应。2022年，150余所职业学校参与全国27场集体备课活动，覆盖全部19个专业大类和公共基础课程，累计200万人次学习观摩[1]。**山东省**创新“定指南、建机制、搭平台、广践行”课程思政建设路径，构建课堂、校园、社会一体化“教育场”，开展“课程思政研课会”，搭建课程思政共享平台，打造课程思政山东品牌。**北京市**坚持以首善标准为引领，成立“北京职业院校课程思政互动教研共同体”，构建富有北京特色的“同向同行、协同育人”新格局。**宁夏回族自治区**高等职业学校建立全面覆盖、层次递进、相互支撑的课程思政体系，分类建设课程思政示范课程，着力提升教师课程思政能力，建立健全课程思政评价体系，确保每门课程都可以“守好一段渠、种好责任田”。

案例3：创新教学形态，推动课程思政建设

长春市第一中等专业学校打造互动式、引导式、高效式、实践式课程思政课堂，推动课程思政教学改革，建设6门课程思政示范课，

[1] 数据来源：高等教育出版社相关统计数据

修订专业人才培养方案和课程标准，编制课程思政育人元素案例集、课程思政教学设计，把思政教育贯穿人才培养全过程，培养有理想、有信念的时代新人。

山东水利职业学院坚持“以课程为基，以思政为魂，以学生为本，以教师为要”推进课程思政系统化建设，全链条开发思政主线、目标、元素、案例、教学资源，全过程融入课堂教学环境，创新“党建＋课程、培训＋比赛＋研究”课程思政教育模式，思政课教师获省级以上教学竞赛奖励14次，有效提升了育人水平。

上海出版印刷高等专科学校建设市级课程思政教学研究中心，全面实施课程思政改革，将课程思政融入专业人才培养方案、课程大纲、教案课件等各方面，贯穿课堂授课、实验实训、教学评价全过程，建设86门课程思政示范课程。“静电照相印刷”入选国家课程思政示范课程，“三寓三式”课程思政教学方法获国家职业教育教学成果二等奖。

五育并举提升综合素养。职业学校围绕“培养什么人、怎样培养人、为谁培养人”的根本问题，通过突出德育实效、提升智育质量、强化体育锻炼、增强美育熏陶、加强劳动教育等方式，构建“五育融合”课程体系、教学体系、课内课外共育体系、管理体系、学生综合素质评价体系，全方位打造育人新生态。2022年，中等职业学校美育课专任教师3.54万人，体育课专任教师3.33万人，学生体质测评合格率90.21%[1]。职业学校的美育意识、健康促进意识和促进能力进一步增强。**云南省**加大公费师范生中美育、体育教师培养力度，为中等职业学校配齐配全美育、体育师资，建设劳动教育“实验田”，将劳动教育与实习实训深度融合，健全中职学生心理健康筛查预警机制，“一生一策”帮助学生健康成长。**青海省**探索具有专业特色的德智体美劳育人体系，形成一批具有示范意义的“德

[1] 数据来源：中国职业教育质量年度报告数据采集平台

育课堂”“体育品牌”“美育模式”“劳育基地”，素质教育提质增效。**四川省**建立职业素养课程体系、第二课堂辅助活动体系、校企协同训练体系，不断完善基于数字化的评价体系，促进学生德智体美劳全面发展。

案例 4：“五育并举”育人，促进学生全面发展

云南省玉溪工业财贸学校构建“成才为目标、修德为内核、练技为引擎、养成为载体、大赛为驱动”五位一体育人模式，实施“铸魂提质、启智修身、强体固基、润心美育、技艺劳育”五大工程，形成“五育并举”育人机制，依托德育、心理健康测评系统等数字化平台，为学生全面发展保驾护航。2022 年，学生综合素质测评合格率达 98.21%。

山东科技职业学院构建“价值塑造、知识传授、技能训练、创新实践、素质养成”的“五育并举”育人体系，以数字化记录并追踪学生德智体美劳成绩，为精准管理服务提供依据，培养高素质技能人才。学生有理想有担当有情怀，2022 年，335 名学生志愿者服务在北京举办的“奋进新时代”主题成就展。

重庆工业职业技术学院实施立德、启智、强体、润心、劳育“五大工程”，围绕“为人、为事、为业”构建“三阶递进”育人模式，建设“学生关爱平台”，精准采集相关数据，形成多维度、全周期全息画像和“学生综合素质成绩单”，并动态反馈，督促学生参与学习与实践，实现过程性评价与结果性评价有机结合。

1.2 多样成才

职业启蒙点亮职业梦想。职业学校联合中小学构建符合青少年身心发展特征的系统化课程体系和实践教学体系，广泛开展送课入校、职业讲座、定制课堂、结对导师等活动，加强中小学学生职业启蒙教育。2022 年，全国职业院校职业启蒙教育联盟在山东省寿光市成立，102 家联盟单

位共商职业启蒙教育发展新路径。**安徽省**鼓励高等职业学校与中小学合作开发和实施劳动技术课程，形成普职协同推进职业启蒙的良好局面。**贵州省**支持一批有条件的职业学校开发职业启蒙教育基地，46 所高等职业学校中有 15 所立项建立中小学职业体验基地。**四川省**成都市推动职业启蒙教育和劳动教育深度融合，构建“劳动 + 生态”教育课程体系，建成 11 个劳动实践基地、4 所劳动示范学校、3 个职业启蒙体验区。**河北省**蠡县制定职业启蒙课程体系和课程标准，设置烹饪、广播、保育、摄影、编织、消防等 10 余项精品职业体验课程，配备专职师资开发职业体验课程教材，设立职业启蒙教育基地 3 个，开展职业体验活动 50 余次，惠及学生 6 000 余人。

案例 5：发挥职教资源优势，开展职业启蒙教育

成都汽车职业技术学校利用学校优质资源建立汽车总装制造区、焊接操作区、钳工操作区、智能机器人及先进技术加工操作区等职业启蒙教育区，通过钳工操作、汽车拆装、无人机飞行操作等职业体验教育活动，引导当地中小学生认识职业，培养职业兴趣，为今后选择职业打下基础。

珠海市卫生学校充分发挥学校中医药专业资源优势，组织师生走进当地中小学开展中医药文化科普教育。通过组织观看中医药题材微视频、缝制中药香囊、制作中药艾条、辨识草药盆栽等职业体验活动，带领中小学生了解中医文化历史，领略中医魅力，种下学习中医、传承中医的种子。

河南工业职业技术学院建立人工智能体验中心、虚拟仿真体验馆等职业启蒙平台，开发 AI 体验、趣味编程、5G+MR 科普等职业启蒙项目，运用人工智能、大数据、虚拟现实等信息化手段，带领中小学生了解和学习行业新工艺、新技术，引导中小学生在职业体验中增强职业认知能力和探索能力。

多样招生拓宽成长成才通道。职业学校逐步完善符合职业教育办学规律和技能人才成长规律的考试招生制度，通过中高职贯通、中高本衔接、单独招生、普通高中综合评价等，探索多样招生模式，为有意愿够条件的学生提供多种升学发展路径，促进普通教育和职业教育横向融通。2022年，全国专科高职招生 538.98 万人，连续四年超过普通本科招生规模，其中，五年制高职转入专科高职 54.29 万人。本科高职招生规模进一步扩大，由上一年的 4.14 万人增加到 7.63 万人[1]。**山东省**开展普通高中综合评价招生，完善中职和应用型本科对口贯通培养机制，扩大初中后五年制专科高职招生规模，不断探索职教高考制度，采用“知识 + 技能”考试模式，技能测试一年两次考试机会，并取最高成绩计入总分。**福建省**试点开展专本贯通培养，5 所高等职业学校和 5 所本科院校开展 9 个专业点“3+2”专本贯通培养。**贵州省**积极推进职业技能、学历“双提升”工程，让更多农村外出务工者、在家务农者、农村妇女、退役军人接受非全日制学历教育，中等职业学校招生 28.38 万人，较上年增长 79.85%，其中，非全日制招生 15.98 万人，较上年增长 6 倍。

案例 6：职教吸引力不断增强，普通高考学生积极报考

广州番禺职业技术学院 2022 年面向全国 14 个省份录取的 2 920 名普通高考新生中，2 335 人超本科控制线，占比 79.97%。广东省内普通高考录取新生超本科控制线 2 219 人，占比高达 94.51%，50 个招生专业中 46 个专业录取分数线超过本科控制线。

四川交通职业技术学院 2022 年面向四川省招收普通高考文理科考生和艺体类美术与设计类考生，录取新生超本科控制线占比 90.11%。其中，文科类最低录取分数线 467 分，超本科控制线 1 分；理科类最低录取分数线 424 分，仅低于本科控制线 2 分，新生本科上线率

[1] 数据来源：教育部 2022 年全国教育事业发展基本情况

80.06%；美术与设计类最低录取分数线 238 分，超本科控制线 38 分。

青岛港湾职业技术学院 2022 年面向山东省普通高考考生投放综合评价招生计划 650 人，来自全省各地的 1 474 名考生通过线上报名、线上考试、全程监控方式参加了学校组织的考试。其中机械与智能控制专业录取比例 1：10，机电一体化技术专业和现代物流管理专业录取比例 1：7。

分类培养适应多样化发展需求。职业学校落实职业教育国家教学标准，针对不同生源、不同职业生涯发展需求，分类编制人才培养方案，运用新媒体技术和数字化技术，推广案例式、探究式、体验式、互动式、专题式、项目式等教学方法，使用新型活页式、工作手册式教材，为学生提供个性化学习方案，让学生获得更好的学习体验和发展机会。数据显示，2022 年，高等职业学校教学计划内课程总数达 114.24 万门，校均 802 门，有 46 所学校的校内课程数超过 2 000 门，**天津市**、**山东省**高等职业学校校均课程数超过 1 000 门[1]，为开展分类培养提供了充足的课程资源，促进了学生多样化发展。**辽宁省**中等职业学校积极推动教学方法改革，根据专业特点与学生基础，探索分层教学、走班制、导师制等课堂教学模式，充分激发学生学习主动性和积极性。**湖北省**高等职业学校根据扩招后生源多样化特点，分类制定人才培养方案，在公共基础课程和部分专业课程中探索分层教学，为学生提供不同层次教学标准、教学内容和教学进度，保证每个学生都能获得适合自己的发展。**甘肃省**按照“标准不降、模式多元、学制灵活”原则，统筹做好面向社会人员的全日制学历教育工作，各高等职业学校结合受教育群体特点，分类教学、分类管理，实行弹性学制和弹性学期制，提高了人才培养的针对性。

[1] 数据来源：中国职业教育质量年度报告数据采集平台

案例 7：应用数字化技术，助力学生分类培养

福建工业学校深入全球知名企业开展职业能力调研，依据国家专业教学标准和课程标准，结合专业岗位需求，建设“汽车发动机构造与拆装”精品课程，累计选课人数超过 1.2 万人次，课程浏览量 137.7 万余次，入选 2022 年职业教育国家在线精品课程。

湖北三峡职业技术学院将在校生按生源特征实施分类培养，“一村多名大学生计划”学生、退伍军人等不同群体“一群一策”，线上线下、分类教学。“一村多名大学生”学生每学期在校学习 7 周，退伍军人利用周末或晚间在校学习，其余学时通过线上教学平台完成。线上线下混合式教学满足了各类群体多样化学习需求。

河南职业技术学院探索基于大数据的分类培养育人模式，创建人职匹配大数据分析平台，开发“职业性向测评”“成长画像学习导航”“智慧化精准就业”三大系统，对学生职业取向、能力优势、就业岗位精准“画像”，分类培养、精准施教、精准推荐就业岗位，有效破解“人职不匹配”难题。

1.3 技能成长

育训结合筑牢高技能人才培养根基。职业学校持续探索教学模式改革，将数字化技术融入教学实际场景，不断完善“岗课赛证”综合育人模式，让技能培养贯穿教育教学全过程，有效提升学生职业技能水平。截至 2022 年底，高等职业学校共开发课证融通课程 15.28 万门，占教学计划内课程总量的 13.86%[1]。中等职业学校毕业生职业技能等级证书（含职业资格证书）获取率达到 46.05%[2]，高等职业学校毕业生达到 80.47%[3]，均较上一年提高了 5 个百分点。山东省、浙江省、广东省、江苏省、安徽省、河北省、辽宁省、四川省和天津市八省一市建设的课证融通课程总数均超

[1][2] 数据来源：中国职业教育质量年度报告数据采集平台

[3] 数据来源：全国高等职业学校人才培养工作状态数据采集与管理平台

过 1 万门[1]。

图 2　湖南电气职业技术学院学生进行“智能电梯装调与维护”实训

案例 8：数字技术赋能实训教学，技能培养提质增效

上海市工业技术学校与国有企业合作，共同探索“互联网 +”“智能 +”虚拟仿真实训教学新形态，打造“5G+ 智能实训黑灯工厂”，运用三维动画、虚拟仿真、MR 等数字化技术建设可交互的教学资源，使学生通过 UI 交互，在离线或在线情况下，均能学习课程并直观理解抽象的教学内容，教学效能显著提高。

湖南汽车工程职业学院依托校级智慧教育平台，探索打造场景式、社区式、预约式三类“智课堂”，运用 VR/AR 技术，开设虚拟仿真类课程，搭建“云端训练场”，探索 5G 环境下“C+R”远程操控、真场执行实训方法，配套数字孪生软件生成与实际运行完全一致

[1]　数据来源：中国职业教育质量年度报告数据采集平台

的数据和影像，学生可随时随地通过远程操作指令完成实训任务，实训成效得到明显提升。

日照职业技术学院创新基于数字化技术的水产养殖技术专业群实训教学模式，围绕“良种选育—健康养殖—精深加工”产业链，建设虚拟教学工厂、智慧渔业在线监测等 8 个实训模块，开发虚拟仿真实训资源 8 个、数字孪生资源 1 个，使学生能按生产流程、跨时空地域完成实训项目。“虚拟海洋牧场体验馆”上线国家职业教育智慧教育平台。

杭州职业技术学院携手科研院所和六大头部企业，打造电梯行业校企协同育人共同体，建设国家电梯产品质量监督检验中心、国家示范性虚拟仿真实训基地、浙江省电梯行业培训基地、96333 故障数据综合实训基地、产教融合实训基地等，开发 22 个数字化实训资源，以数字化赋能，构建职业教育人才培养新生态。

“以赛促教”提升技术技能人才培养质量。首届世界职业院校技能大赛聚焦高端制造、数字经济等领域，设置虚拟现实设计与制作、信息技术应用创新、物联网技术应用、云计算等赛项，引领高技能人才培养方向。职业学校主动将技能大赛项目、竞赛标准与专业课程教学相结合，强化技能大赛对教学改革的促进作用。**天津市**以承办首届世界职业院校技能大赛为契机，推动技能大赛优质资源成果转化，强化大赛成果在教学过程中的推广和应用，2022 年组织开展世界职业院校技能大赛成果专题研究 30 项，推动职业教育教学改革和人才培养与企业生产实际需求相联系。**贵州省**结合承办的全国职业院校技能大赛（中职组）“蔬菜嫁接”赛项，切实推进教学与生产实践有机衔接，建设生产基地，开展应用性研发，加快培养农业农村现代化需要的“能工巧匠”。

案例 9：以赛促教以赛促改，职教学子技能出彩

南海信息技术学校将技能大赛中新技术、新标准、新规范与课程

标准融合，技能点与教学知识点融合，训练方法与教学方法融合，评价标准和教学考核标准融合，推进“课赛融通”人才培养模式改革，提升学生专业技能。2022 年，学生参加全国职业院校技能大赛获一等奖 3 项、二等奖 3 项、三等奖 1 项。

南京信息职业技术学院常态化开展技能竞赛月活动，优化学习成果转化与认定机制，将竞赛类、技能证书类学习成果认定相应课程学分，形成竞赛体系与学分体系双向导通培养机制。2022 年获省级以上技能竞赛奖项 288 项，在全国职业院校技能大赛中获一等奖数量位居江苏省第一。

江苏医药职业学院对接岗位群和大赛赛项构建实训模块，将行业发展新技术、国赛新标准、专业新理念融入人才培养方案，技能比赛与实践教学融合，通过参与式、体验式、行走式等多种教学方式，培养学生职业技能和岗位拓展能力。2022 年获全国职业院校护理技能大赛团体一等奖第 1 名。

图 3　上海新闻出版职业技术学校毕业生顾俊杰摘获 2022 年世界技能大赛特别赛印刷媒体技术项目金奖

专创融合提升学生创新创业素养。职业学校以提高学生创新创业能力为目标，全面加强“双创”教育资源建设，以赛促创，引领“双创”蓬勃发展。294 所高等职业学校在第八届中国国际“互联网 +”大学生创新创业大赛中斩获金奖 48 项、银奖 110 项、铜奖 415 项，获奖学校比上年增加 5 所。2022 年，27 所高等职业学校入选教育部首批国家级创新创业学院、国家级创新创业教育实践基地建设单位，为学生创新创业提供了优质平台。调查显示，2022 届高职毕业生在校所学专业知识对创业帮助度达到 78.64%，比 2021 届提升超过 7 个百分点[1]，专创融合教育成效明显。**广东省**举办第五届粤港澳大湾区创新创业项目对接洽谈活动，评选出 21 门高职学校就业创业特色示范课程，遴选出 9 门创新创业精品教材和 8 个创新创业教育实践基地，认定 352 项高职学校创新创业训练计划项目。**浙江省**高等职业学校以各类众创空间为载体，与行业企业深度合作，形成集人才培养、科研创新、就业培训于一体的创新创业教育模式，为创新创业团队提供工作空间、网络空间和资源共享空间，2022 年高职毕业生创业率达 5.04%，比全国高职毕业生平均创业率高出 3%[2]。

案例 10：专创融合以赛促创，托举学生成才梦想

恩施市中等职业技术学校构建“普赛育研”双创教育模式，开展“生涯规划竞赛”“创新创业竞赛”等竞赛活动。2022 年，获评国家级科技发明先进校，彭世铮等 4 名同学获恩施市第八届青少年科技创新“市长奖”。学校被湖北省教育厅、湖北省知识产权局联合授予“知识产权试点校”。

合肥理工学校构建“问题导向—跨行组队—师生共研—推动创新”双创教育模式，全面培养学生问题意识，激发学生创新动力。2010 年以来在各项大赛中获国赛奖牌 20 枚、省赛奖牌 154 枚，在中

[1] 数据来源：新锦成研究院，2022 — 2023 大学生就业质量研究

[2] 数据来源：中国职业教育质量年度报告数据采集平台

华职业教育创新创业大赛中，连续三年斩获国赛金奖。

浙江工商职业技术学院实施特长生培养工程、企业专家带徒工程，聘请201名校内外专家导师，开展双创专项培训。2022年培养出397名有创业意愿的学生，“双十一”期间，学校创新创业电商服务平台成立由35名学生组成的“双十一”战队，助力宁波当地一家企业实现1亿元销售额。

学生满意度和推荐度较高。面向毕业生的调查显示，2022年，中职应届毕业生满意度92.91%，毕业三年内满意度91.67%；高职应届毕业生满意度91.99%，毕业三年内满意度90.57%[1]。高职毕业生对母校推荐度持续提升，2022届达到75.77%，其中，“双高计划”建设学校毕业生母校推荐度超过80%（见图4）。“双高计划”对人才培养的示范引领作用继续显现。

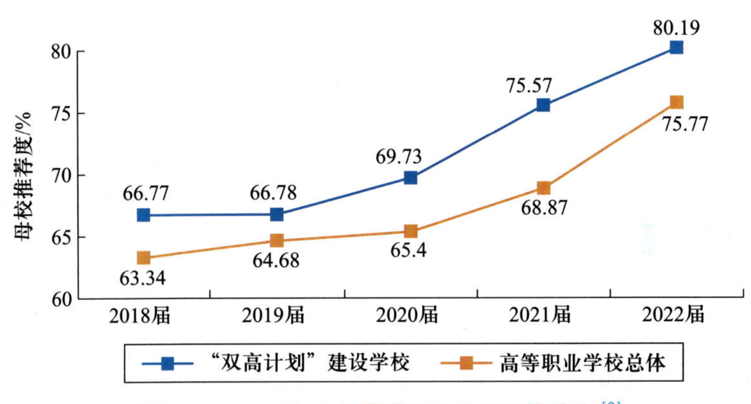

图4 2018—2022届高职毕业生母校推荐度[2]

1.4 职业发展

就业质量稳步提升。受毕业生规模剧增、新冠疫情多点暴发、经济下行压力加大等多重因素影响，2022届毕业生就业形势严峻复杂。职业学

[1] 数据来源：中国职业教育质量年度报告数据采集平台

[2] 数据来源：新锦成研究院，2019—2023大学生就业质量研究。该研究针对全国高职毕业生开展调查，面向全国28个省（自治区、直辖市），覆盖19个专业大类。其中2018—2022届毕业生有效样本量依次为15.64万份、17.12万份、17.21万份、26.82万份、29.16万份。下同

校通过“一把手”带队访企精准拓岗、面向就业困难群体精准帮扶、加强生涯规划与职业发展精准指导、校企联动“线上 + 线下”精准招聘等多种有效手段，全力为毕业生就业保驾护航，确保毕业去向落实率总体稳定。数据显示，2022 届中职毕业生 339.27 万人[1]，总体毕业生去向落实率为 94.44%，与 2021 届基本持平；2022 届高职毕业生 495.69 万人[2]，总体毕业生去向落实率为 91.88%，较 2021 届略有上升（见图 5）。

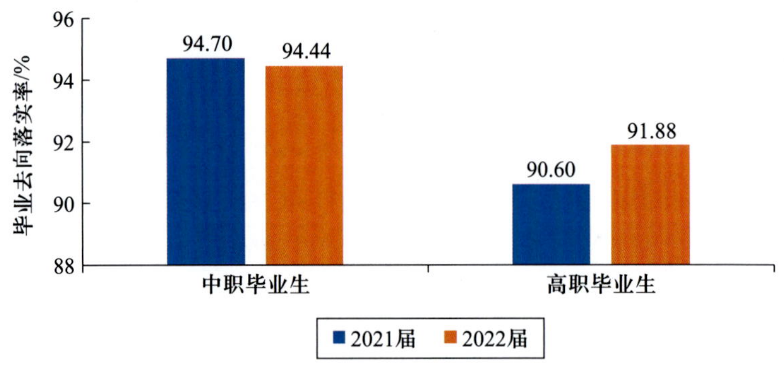

图 5　2021—2022 届中职、高职毕业生毕业去向落实率[3]

就业对口度较高。数据显示，2022 届中职毕业生就业对口度 75.14%[4]；高职毕业生就业对口度 70.56%，较 2021 届上升超过 3 个百分点。三次产业对应专业大类高职毕业生的就业对口度均有不同程度上升（见图 6），能源动力与材料大类、装备制造大类和电子与信息大类毕业生的就业对口度较 2021 届上升超过 10%。

就业满意度回升，职业发展较好。数据显示，2022 届高职毕业生就业满意度 93.21%，近三年持续回升至新冠疫情前水平（见图 7）。高等职业学校 2019 届毕业生毕业三年职位晋升比例中位数为 48.78%，较 2018 届的 45.30% 上升超过 3%，毕业生保持良好的职业发展状态。

[1] 数据来源：教育部 2022 年全国教育事业发展基本情况

[2] 数据来源：教育部 2022 年全国教育事业发展基本情况、全国高等职业学校人才培养工作状态数据采集与管理平台

[3] 数据来源：中国职业教育质量年度报告数据采集平台

[4] 数据来源：全国中等职业学校管理信息系统

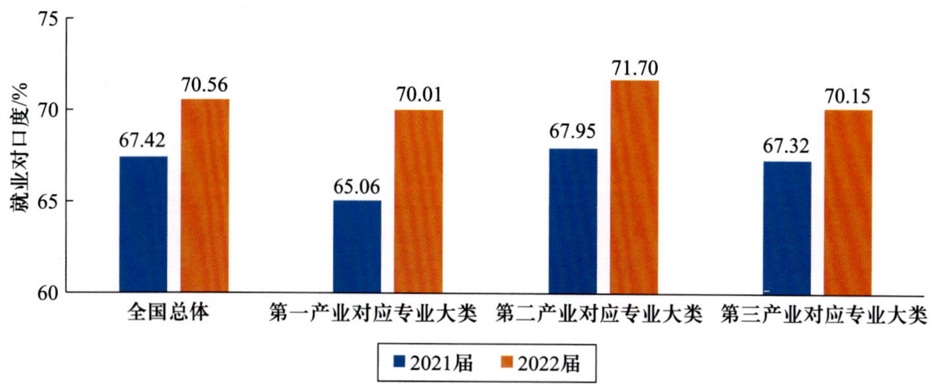

图 6　2021—2022 届高职毕业生就业对口度[1]

图 7　2018—2022 届高职毕业生就业满意度[2]

案例 11：多措并举促发展，就业质量有保障

开封市文化旅游学校坚持以就业为导向服务学生发展，不断提高就业服务能力和水平，为开封清明上河园景区、万岁山游览区等各大旅游景点培养输送优秀旅游服务（导游）学生，全市旅游行业半数以上从业人员以及众多旅行社骨干和管理人员为学校毕业生，受到业界广泛赞誉。

浙江金融职业学院将就业工作贯穿人才培养全过程，在学生大一

---

[1][2]　数据来源：新锦成研究院，2022—2023 大学生就业质量研究

时启动就业前置调研，针对学生不同职业目标提供个性化就业指导；大二时针对求职场景，开展简历制作、模拟面试等就业能力提升教育；大三时“线上＋线下”协同发力，搭建校园招聘双选平台，重点针对未落实去向的学生开展“一对一”就业指导。2022届毕业生毕业去向落实率达到98.78%。

重庆公共运输职业学院2022届毕业生蒋其全就读铁道信号专业，在校期间应征入伍到武警西藏总队日喀则支队，服役期满后退伍返校，把在高原军营磨练的坚强意志融入专业学习中，获市级以上技能竞赛奖励3次、国家奖学金2次。2022年毕业后选择一线就业，成为中国铁路成都局集团重庆电务段的一名信号工。

升学通道不断拓宽。数据显示，2022届中职毕业生升学率59.21%，与2021届55.90%相比上升3.31个百分点。职教高考的主渠道地位进一步稳固，63.75%的中职毕业生通过职教高考升学，14.72%通过贯通培养升学，14.24%通过五年一贯制培养升学（见图8）。甘肃省、北京市、内蒙古自治区、山西省、江苏省、湖北省、天津市、福建省、山东省、重庆市、上海市11个省（自治区、直辖市）中职毕业生升学率相对较高，均超七成。

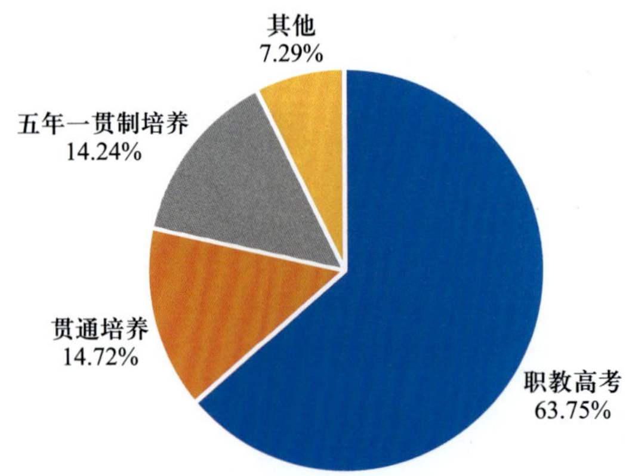

图8　2022届中职毕业生升学渠道占比情况[1]

[1] 数据来源：中国职业教育质量年度报告数据采集平台

专科高职毕业生升学率继续上升，2022届达到15.97%，较上年上升了近1个百分点[1]。调查显示，近半数专科高职毕业生选择升学是为了“增加择业资本，站在更高求职起点”，近三成是为了“提高综合素质/能力”，还有近一成是为了“缓解就业压力”（见图9）。

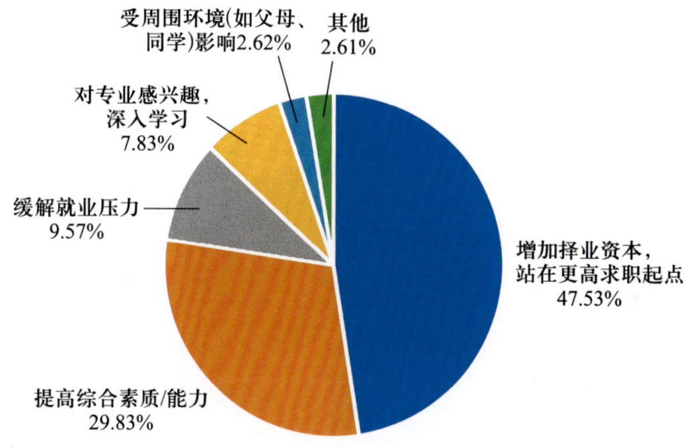

图9　2022届高职毕业生升学原因[2]

2022年，本科高等职业学校迎来首届9 220名本科毕业生[3]，学士学位授予率达到96.82%[4]，授予学位的主要学科门类包括工学、管理学、教育学、医学等。职业本科教育为人才多元化发展提供了多样化途径，为经济社会发展供给了更高层次技术技能人才。

毕业去向更加多元。2022年，定向培养、应征入伍、灵活就业等不同毕业去向的学生数量增加。定向培养军士自2012年试点以来规模快速增长，培养学校从11所增加到48所，招生从7个省份发展到17个省份。2022年，高等职业学校输送高素质专业化军士17 324人[5]。中职应届毕业生应征入伍3 917人[6]；高职应届毕业生应征入伍80 608人，较2021届增

[1][3][5]　数据来源：全国高等职业学校人才培养工作状态数据采集与管理平台

[2]　数据来源：新锦成研究院，2023大学生就业质量研究

[4]　数据来源：31所本科高等职业学校2023年高等职业教育质量年度报告

[6]　数据来源：全国中等职业学校管理信息系统

长近三成[1]。毕业生越来越多选择灵活就业，2022 届高职毕业生灵活就业占比达 8.08%[2]，比 2021 届提高近 1 个百分点，继续呈上升趋势。毕业生"慢就业"心态依然明显，调查显示，毕业半年后未就业的 2022 届高职毕业生中，有 46.98% 仍在求职中，22.38% 准备升学考试，暂无就业意愿的有 10.39%[3]。参与调查的未就业毕业生认为，自身需提高的方面主要包括实习实践经历、专业知识等（见图 10）。

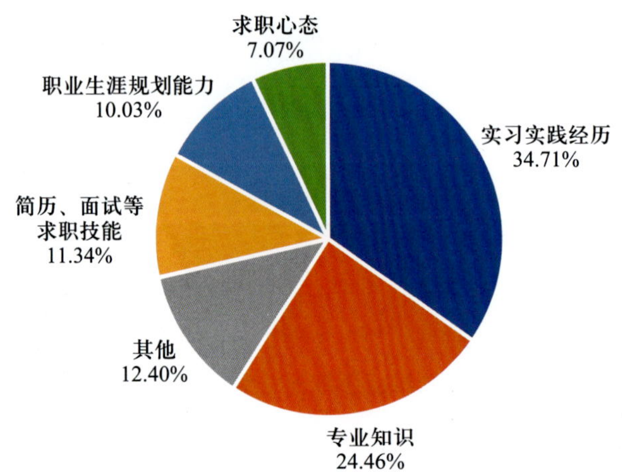

图 10　2022 届未就业高职毕业生认为自身需提高的方面[4]

自主创业率保持稳定。数据显示，2022 届高职毕业生创业率为 1.81%[5]，与 2021 届基本持平。浙江省、河南省、山东省、海南省、贵州省、内蒙古自治区、广东省、重庆市、安徽省 9 个省（自治区、直辖市）的高职毕业生创业率相对较高，均超过 2%。受经济环境影响，近年来毕业生创业难度较大。调查显示，制约毕业生创业的主要困难包括资金问题和市场推广问题，此外，缺乏创业指导也是不容忽视的因素（见图 11）。

[1]　数据来源：全国高等职业学校人才培养工作状态数据采集与管理平台

[2][3][4]　数据来源：新锦成研究院，2023 大学生就业质量研究

[5]　数据来源：中国职业教育质量年度报告数据采集平台

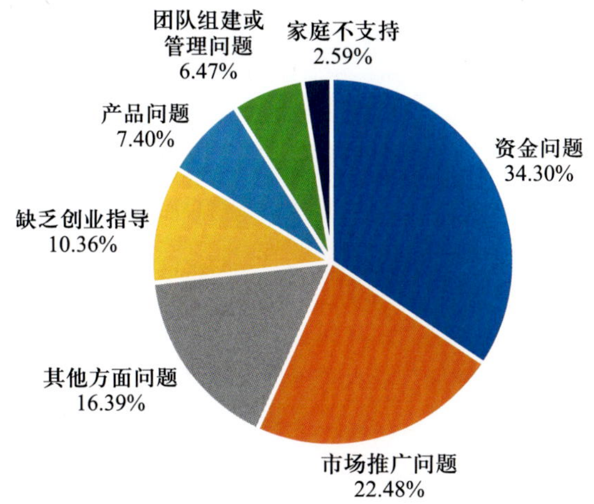

图 11　2022 届高职毕业生创业面临的主要困难[1]

1.5　人才培养卓越校

报告首次研制人才培养指数，基于职业教育人才培养投入、过程和成果相关指标数据，采用因子分析法确定指标权重，对高等职业学校人才培养整体情况进行评价。指标数据来源包括高等职业教育质量年度报告数据采集平台、教育部公示文件、高等职业学校人才培养工作状态数据采集与管理平台等。

高等职业学校人才培养指数通过人才培养投入（包括办学条件、师资队伍和教学资源 3 项二级指标）、人才培养过程（包括专业设置、技能培养和教学评价 3 项二级指标）和人才培养成果（包括技能水平、创新能力、就业质量和职业发展 4 项二级指标）三个维度的 34 个指标观测点，综合计算得出东部地区、中部和东北地区、西部地区[2]各 50 所人才培养卓越高等职业学校。

---

[1]　数据来源：新锦成研究院，2023 大学生就业质量研究

[2]　本报告参考国家统计局对各省份的区域划分，东部地区包括北京、天津、河北、上海、江苏、浙江、福建、山东、广东、海南 10 个省份；中部地区包括山西、安徽、江西、河南、湖北、湖南 6 个省份；东北地区包括辽宁、吉林、黑龙江 3 个省份；西部地区包括内蒙古、广西、重庆、四川、贵州、云南、西藏、陕西、甘肃、青海、宁夏、新疆 12 个省份。本报告各项统计数据均未包括香港特别行政区、澳门特别行政区和台湾地区。下同

表 1A　人才培养卓越高等职业学校（东部地区）[1]

学校名称	学校名称
北京财贸职业学院	南京工业职业技术大学
北京电子科技职业学院	南京信息职业技术学院
北京工业职业技术学院	日照职业技术学院
北京经济管理职业学院	山东商业职业技术学院
北京农业职业学院	山东畜牧兽医职业学院
北京信息职业技术学院	山东职业学院
滨州职业学院	深圳信息职业技术学院
常州机电职业技术学院	深圳职业技术大学 [2]
常州信息职业技术学院	苏州经贸职业技术学院
福建信息职业技术学院	苏州农业职业技术学院
广东轻工职业技术学院	唐山工业职业技术学院
广州科技贸易职业学院	天津市职业大学
广州番禺职业技术学院	天津医学高等专科学校
广州铁路职业技术学院	潍坊职业学院
杭州科技职业技术学院	温州科技职业学院
杭州职业技术学院	温州职业技术学院
河北工业职业技术大学	无锡商业职业技术学院
河北科技工程职业技术大学	无锡职业技术学院
济南职业学院	徐州工业职业技术学院
江苏电子信息职业学院	义乌工商职业技术学院
江苏海事职业技术学院	浙江机电职业技术学院
江苏农林职业技术学院	浙江金融职业学院
江苏农牧科技职业学院	浙江经贸职业技术学院
江苏医药职业学院	浙江旅游职业学院
金华职业技术学院	淄博职业学院

[1] 按校名音序排序。下同

[2] 原深圳职业技术学院。下同

表 1B　人才培养卓越高等职业学校（中部和东北地区）

学校名称	学校名称
安徽工商职业学院	江西外语外贸职业学院
安徽机电职业技术学院	江西现代职业技术学院
安徽商贸职业技术学院	江西应用技术职业学院
安徽医学高等专科学校	九江职业技术学院
长春汽车工业高等专科学校	辽宁轨道交通职业学院
长沙航空职业技术学院	辽宁农业职业技术学院
长沙民政职业技术学院	辽宁省交通高等专科学校
哈尔滨职业技术学院	辽宁铁道职业技术学院
河南工业职业技术学院	濮阳职业技术学院
河南交通职业技术学院	山西工程职业学院
河南经贸职业学院	山西机电职业技术学院
河南职业技术学院	商丘职业技术学院
黑龙江农业经济职业学院	芜湖职业技术学院
湖北科技职业学院	武汉城市职业学院
湖南工业职业技术学院	武汉船舶职业技术学院
湖南工艺美术职业学院	武汉电力职业技术学院
湖南汽车工程职业学院	武汉交通职业学院
湖南生物机电职业技术学院	武汉铁路职业技术学院
湖南铁道职业技术学院	武汉职业技术学院
湖南铁路科技职业技术学院	湘潭医卫职业技术学院
淮南职业技术学院	襄阳职业技术学院
黄河水利职业技术学院	许昌职业技术学院
济源职业技术学院	郑州电力高等专科学校
江西电力职业技术学院	郑州铁路职业技术学院
江西环境工程职业学院	郑州职业技术学院

表 1C　人才培养卓越高等职业学校（西部地区）

学校名称	学校名称
包头职业技术学院	兰州资源环境职业技术大学
成都纺织高等专科学校	柳州铁道职业技术学院
成都工贸职业技术学院	柳州职业技术学院
成都航空职业技术学院	泸州职业技术学院
成都职业技术学院	绵阳职业技术学院
重庆城市管理职业学院	南宁职业技术学院
重庆城市职业学院	宁夏职业技术学院
重庆电力高等专科学校	黔南民族职业技术学院
重庆电子工程职业学院	陕西工业职业技术学院
重庆工程职业技术学院	陕西国防工业职业技术学院
重庆工商职业学院	陕西交通职业技术学院
重庆工业职业技术学院	陕西铁路工程职业技术学院
重庆航天职业技术学院	四川工程职业技术学院
重庆三峡医药高等专科学校	四川护理职业学院
重庆水利电力职业技术学院	四川建筑职业技术学院
重庆医药高等专科学校	四川交通职业技术学院
广西交通职业技术学院	四川邮电职业技术学院
广西水利电力职业技术学院	铜仁职业技术学院
广西职业技术学院	西安航空职业技术学院
贵州电子信息职业技术学院	西安铁路职业技术学院
贵州交通职业技术学院	锡林郭勒职业学院
贵州经贸职业技术学院	咸阳职业技术学院
贵州装备制造职业学院	新疆农业职业技术学院
酒泉职业技术学院	新疆石河子职业技术学院
昆明冶金高等专科学校	杨凌职业技术学院

2 服务贡献

服务贡献是职业教育的基本职能，也是影响职业教育社会吸引力和美誉度的关键因素。2022 年，面对新冠疫情多点暴发、国内经济下行压力增大、人口负增长的严峻形势，职业学校深度融入经济、社会、生态等领域，在产业链、人才链、价值链精准定位，利用紧贴产业、遍布城乡、聚焦一线的独特优势，凝聚发展合力，为产业转型升级、高质量就业、民生福祉和生态保护作出了不可替代的贡献。

2.1 服务产业落地

协同共建应用技术服务平台。职业学校对接区域产业发展需求，深化与地方政府、普通高校、行业企业、科研院所的合作，共建工程技术研究中心、企业技术中心、制造业创新中心等平台，集聚多方资源、强化协同创新，积极开展技术应用研发，解决了诸多企业一线技术难题，促进产业转型升级。数据显示，2022 年全国职业学校通过校企共建技术服务平台等方式，为企业开展技术服务到账金额达到 51.61 亿元，比 2021 年增长 9.13% [1]。**湖南省**校企共建技术创新平台累计 462 个，其中，应用技术协同创新中心 162 个、院士工作站 14 个、众创空间 190 个、工程技术研究中心 96 个。**江西省**高等职业学校发挥专业特色和技术优势，采用独立实体、“园区 + 平台”等多种模式，打造各具特色的技术创新与服务平台，新建并完善了新型建筑材料、精密挤压模具及加工技术等 15 个省级应用技术协同创新中心、工程研究中心和重点实验室。

案例 12：协同开展技术研发，助力产业高质量发展

湖南生物机电职业技术学院联合湖南农业大学、湖南省杂交水稻

[1] 数据来源：中国职业教育质量年度报告数据采集平台

研究中心和邵阳市农业科学院共建杂交水稻协同创新中心，采取“中稻＋油菜”水旱轮作模式，按照“良种、良法、良田、良态”四良法则进行试验示范，亩产达 1 138.5 千克。

江西环境工程职业学院与江西农业大学及相关企业合作，依托江西省森林菌物资源综合开发工程研究中心，积极开展森林菌物资源开发、林下食药用菌栽培、农林废弃物菌业化循环利用研究与推广，培育了翘鳞香菇等十余种特色食药用菌栽培品种。

芜湖职业技术学院与企业联合打造产教融合载体，共建省级产业创新中心和市工程技术研究中心，共同成立“芜湖市通用航空创新联合体”，打通科研开发、技术创新链条，为链上企业开展技术服务 10 余项。

校企联合推进技术创新成果转移转化。职业学校在科研成果产业化链条中精准定位，积极发挥链接技术创新和批量生产的纽带作用，瞄准技术产业化进程中工艺改进、样品制作、产品中试等环节，着力推动科技成果落地转化，打通产业技术落地的“最后一公里”。数据显示，职业学校科技成果转化率、技术服务水平、经济社会发展贡献度不断提升，高等职业学校横向技术服务到款额在 1 000 万元以上的学校有 268 所，比 2021 年增长 9.84%，横向技术服务产生的经济效益中位数近 1 000 万元；专利成果转化数量 3 300 余个，是 2021 年的 2 倍；专利成果转化到款额超 1.63 亿元，是 2021 年的 2.41 倍[1]。**广东省**高等职业学校横向技术服务到款额超 5 亿元，横向技术服务产生的经济效益达 36 亿元，知识产权项目 8 000 余项，是 2021 年的近两倍。**湖南省**中等职业学校开展应用技术推广服务 423 项，获得专利授权 288 项，攻克关键技术难题 41 项。**山东省**高等职业学校横向技术服务到款额连续 5 年呈现增长趋势，横向技术服务产生的经济效益同比增幅 68.18%。**浙江省**高等职业学校服务浙江创新强省的战略目标，提升科技成果转化率，技术服务到款额 4.39 亿元，技术服务成果产生的经济效益超 55 亿元。

---

[1] 数据来源：中国职业教育质量年度报告数据采集平台

图 12　金华职业技术学院学生聚焦企业增产提效对设备拆解分析、优化设计和更新迭代

案例 13：协同推进技术攻关，促进成果落地增值

北京市园林学校“园林地被植物耐荫性研究及在教学中的应用”课题研究成果被当地企业应用于清华园、金茂府等园林绿化工程建设中。2022 年，累计应用面积 16.6 万 m^2，节约养护成本 9 元 /m^2，增收节支总额达 149.4 万元。

天津市仪表无线电工业学校与企业合作开发汽车天窗机械组涂胶机器人运行软件、脑像图采集设备应用资源包等，利用学校软件技术等专业优势，解决了当地企业面临的技术问题，提升了相关企业的经营管理效益。

北京电子科技职业学院与北京经济技术开发区联合建设化药制剂与蛋白药物研发中试基地、复杂和异形件智能制造研发中试基地、集成电路产品测试中试基地等，服务园区企事业单位 50 余家，获得技术服务收入 1 700 余万元；与北京市科学技术研究院联合开展天然产物国家标准样品等研发，为企业带来经济效益 5 300 余万元。

广西现代职业技术学院参与企业固态锂电池量产产线项目的研发，助力建设固态锂电池量产产线，从核心材料、装备、工艺实现“自主可控”“三位一体”发展，带动固态锂电池从科技成果进入量产时代，使企业人工效率提升3.7倍，达到预期的设计目标。

苏州市职业大学联合行业企业研发具有自主知识产权的高性能拓扑构造方法，打破了国外行业巨头的国际专利壁垒和电路结构“垄断”，实现了光伏逆变电源核心关键技术的自主可控，大幅提高了逆变产品的可靠性和品质。

在高水平科研领域取得新成效。职业学校将科教融汇作为新方向，结合职业教育与产业一线紧密联系的特色优势，依托应用研究、技术创新的长期积累，逐步提升科研层次和水平，高级别科研成果立项、科技成果奖励等逐年增多，提升了技术领域的自主创新能力，促进了创新链与产业链融合发展。南京工业职业技术大学、深圳信息职业技术学院、金华职业技术学院等一批职业学校获国家自然科学基金项目立项资助，12所高等职业学校获批2022年国家社会科学基金年度项目、西部项目、教育学项目、艺术学项目立项。**江苏省**高等职业学校9项科技成果获得江苏省人民政府颁布的2022年度“江苏省科学技术奖”，与2021年度相比，新增2项，取得了新的突破。**湖北省**高等职业学校聚焦产业强国、制造强省建设中的技术技能重大问题，加强调查研究，开展协作科技攻关，提出解决问题的新思路、新举措，助推地方经济社会发展，纵向科研经费到款额超1 900万元。

案例14：聚焦产业关键领域，深化科技创新与研发

常州信息职业技术学院强化省教育厅优秀科技创新团队、省社科联优秀创新团队等20多个科技团队建设，立项科技部国家重点研发计划1项、国家自然科学基金2项、教育部人文社科项目8项、省市各级课题项目200多项。

湖南铁道职业技术学院聚焦轨道交通装备制造产业，开展技术革新145项，联合开发新产品16种，自主研发机车门锁等一系列实用新型机车产品和轨道交通装备核心零部件。部分产品随主机出口到哈萨克斯坦、乌兹别克斯坦等国家。依托校内生产型实训基地和校办企业开展研发、技术服务以及核心部件生产，2022年产值达1.5亿元。

四川工程职业技术学院建有航空材料检测与模锻工艺技术工程实验室，参与研制C919大飞机，取得了多项具有完全自主知识产权的专利技术，解决了国产某型飞机钛合金承力框锻造成形过程中出现的局部成形不足、折叠等技术难题，配合相关企业完成新产品开发试制22项。

永州职业技术学院组建永州市畜禽高效健康养殖工程技术研究中心，研发出超临界CO_2萃取油茶副产物作为一种新型饲料添加剂，显著提高了动物养殖效益和油茶加工企业副产物高值化利用效率。项目科研成果在当地推广应用后，油茶加工企业和养殖户效益普遍提高2%～5%。

深圳职业技术大学研发业内性能领先的二甲苯节能分离材料，首次以通讯单位在《Science》上发表研究成果；开发了具有新型拓扑结构的纳米孔材料，相关成果发表在顶级期刊《美国化学会志》（JACS）上；推进晶圆级先进封装用光敏聚酰亚胺PSPI产品研发，顺利完成企业测试。

2.2 服务更充分就业

职业本科教育成为高质量就业的“风景线”。面临“史上最难就业季”，32所本科高等职业学校首批本科毕业生9 220人平均毕业去向落实率达87.07%，超出全国本科学校平均水平4.5%[1]，职业本科毕业生大量进入制造类及相关产业领域，为缓解实体经济高层次技术技能人才短缺做出

[1] 数据来源：中国职业教育质量年度报告数据采集平台

了积极贡献。用人单位普遍反映，职教本科毕业生项目开发经验丰富，实践能力强，综合素质高，能较快适应岗位需求，成为助力企业发展的“即战力”。

案例 15：首届职业本科学生毕业，助力实体经济稳步发展

南京工业职业技术大学首届本科毕业生毕业去向落实率达到 90.25%，就业起步年薪大多超 9 万，超九成毕业生进入制造类实体企业，就业岗位以制造类企业研发工程师、助理工程师、质检工程师为主，一定程度缓解了就业市场技术类高端人才相对短缺的现象。毕业生就业情况被《人民日报》等 30 余家媒体深度采访报道 61 篇次，形成了良好的示范效应。

上海中侨职业技术大学打出了一套稳就业、保就业、促就业的组合拳，截至 2022 年 8 月 29 日，数字媒体技术、食品质量与安全、建筑工程技术 3 个专业的首届本科毕业生毕业去向落实率达到 100%，其中，76.89% 本科毕业生从事工作与所学专业对口。

西安汽车职业大学邀请企业高管给学生上课，把课堂“搬”进工厂。教师每年去企业培训 3 个月，校领导每年访问 100 家企业，学生的毕业设计选题均来自企业生产实际中的真实问题。智能制造工程学院毕业生乔延哲在 2021 年底就已获得多份高薪职位的青睐，最终选择就职上海某新能源汽车制造公司，成为一名生产管理工程师。

职业学校成为产业一线就业的“主力军”。职业学校立足区域性、行业性特色优势，通过“访企拓岗”等渠道，深入了解当地行业领军企业、中小微企业用人需求，大力培养适应企业一线岗位需要的高素质技术技能人才，主动引导学生到制造类企业、基层一线等人才短缺领域就业，有效缓解了就业结构性矛盾，成为稳就业的积极因素。截至 2022 年 8 月，1 388 所高等职业学校 2 773 名书记校长共走访用人单位 12.16 万次，校

均走访企业达82家，进一步明确岗位人才需求，为广大毕业生提供更多实习就业机会，助力学校和企业共赢发展[1]。2022年，高等职业学校毕业生留在当地就业率平均为43.42%，毕业生到规模以下企业等基层服务占比77.35%，较上一年增长16.14%[2]，职业学校毕业生已成为支撑中小企业集聚发展、产业迈向中高端的重要力量。**江西省**高等职业学校进一步抓实促进毕业生留赣就业工作措施，毕业生选择省内就业的占比62.13%，比2021年上升近6个百分点。**江苏省**泰兴市职业学校每年为社会输送毕业生1 500人左右，本地就业率达70%，对当地和中小企业贡献度逐年提升。

案例16：促进高质量就业创业，成就共赢式发展

四川省仁寿县第二职业中学实施“合作办学、订单培养”办学模式，探索构建稳妥就业管理途径。近年来，学校毕业生就业率屡创新高，80%的学生在就业三四年后成为企业的技术骨干。

常州机电职业技术学院与企业合作设计项目化人才培养方案，构建“三双四共五对接”协同育人模式，惠及学生2 000余人，毕业生毕业去向落实率达98%以上，学生就业竞争力显著提升，86%以上学生就职于行业知名企业，为当地产业发展提供了持续的人才支撑。

广东工贸职业技术学院与当地企业深度合作，将智能制造领域拥有丰富工程技术经验的博士团队“请进来”，精准开展人才培养，共同开发课程，落实学生一次性进入企业就业，学生月薪起值高于同类岗位40%，成为企业技术岗位的新生力量。

湖北工业职业技术学院以立足十堰本土、服务地方产业、推动区域经济发展为宗旨，提出“互联网＋专业教育＋地方产业”的创新创业教育和实践的新模式，引导全校师生以特色资源和产品开发利用为主题，围绕十堰茶叶、绿松石、生漆等地方特色产业进行创新创

[1] 数据来源：2022年书记校长访企拓岗专项工作报告

[2] 数据来源：中国职业教育质量年度报告数据采集平台

业，振兴县域经济，引领产业发展，强化了学校服务十堰经济社会发展的能力和绩效，实现了校地高质量发展目标。

技能培训成为提升就业能力的“动力源”。职业学校和社会培训机构紧盯制造业重点领域、现代服务业、战略性新兴产业领域对技术技能人才的需求，持续强化职业技能培训，扎实开展政府补贴性职业技能培训，提升培训学员应对产业结构调整和转岗转业的能力，促进了更充分更高质量就业。数据显示，聚焦高校毕业生、农村转移劳动者、失业人员等重点群体和制造业、康养康育等重点领域，职业学校和社会培训机构全年开展补贴性职业技能培训 2 228 万人次，开展社会职业培训 616 万人次；2022 年，全国取得职业技能等级证书超过 1 100 万人次，较 2021 年增加超过 80%。**甘肃省**职业学校开展政府补贴性职业技能培训 50.9 万人次，超额完成省政府补贴性职业技能培训任务。**河南省**落实“育训并举”的法定职责，推动优质职业学校年培训人次达到在校生规模的 2 倍以上，新培养高技能人才 40.92 万人，新增技能人才 83.46 万人。**山西省**构建职业岗位培训体系，针对企业新入职员工和一线操作工等举办培训班 711 个，累计培训 239 万学时，提升了在岗职工职业技能。

案例 17：实施职业技能提升行动，提升重点群体就业能力

广西经贸职业技术学院联合当地政府、企业成立“玉林市校企合作人才就业和培训基地”“纺织服装产教融合示范基地”，创建“福绵裁缝”劳务品牌。2022 年，学校开展玉林特色“缝纫工”工种培训共 8 期，达 2 780 人次，同时面向玉林、贵港、南宁等地的企业员工、农村再就业转移劳动者开展“缝纫工”（五级工）职业技能等级认定，共计 27 场，认定 1 029 人。

衢州职业技术学院与 18 家政府部门通力合作，建立共富学院，

搭建“总校＋专业教学区＋专业教学基地”的培训教学架构，开展培训 3.8 万人次、提升技能等级 0.9 万人，68% 的学员通过培训年收入比上一年提高 8% 以上，相关内容被《浙江日报》等报道 14 次，相关做法入选浙江省高质量建设共同富裕示范区建设机制创新类试点。

武汉电力职业技术学院实施“鄂电 · 星光夜校”系列培训，围绕“双碳”、新型电力系统、数字化转型等内容开设 9 个专业大讲堂，打造品牌云课堂，邀请国网湖北电力专业部门参与课程设计，面向企业员工不断加强新政策、新业态、新技术宣贯，累计开展培训 14 期 12 431 人次，助力企业培育专业化人才队伍。

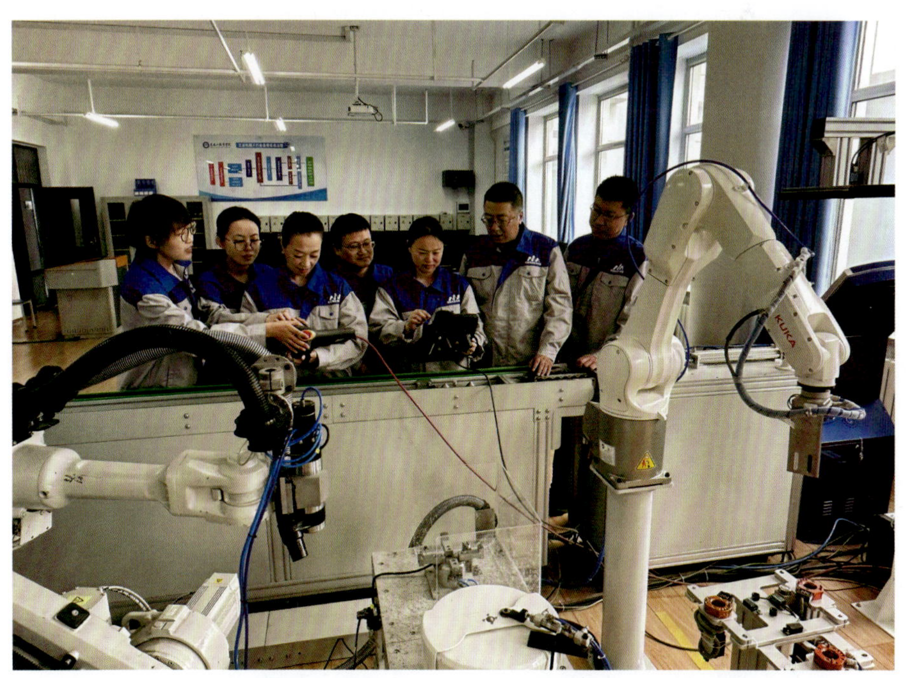

图 13　黑龙江职业学院与省总工会共建省级数字工匠学院并开展社会培训

2.3　服务民生福祉

技术服务“三农”，助力乡村振兴。职业学校持续发挥专业技术优势，加强农业关键核心技术、现代化农机装备等现代农业技术研发，扩大现代农业主导品种、主推技术以及新装备、新方法、新成果等推广应用，面向一线农业人员开展现代农业生产等技术培训，切实把现代农业技术、先进科技成果、实用生产技能送到田间地头，助力传统农业升级、农村产业发展、农民技术技能提升，成为乡村振兴战略实施的重要推动力量。**黑龙江省**高等职业学校与相关边境县建立农业生产服务联盟，开展农技服务项目42个，累计培训1.50万人次；中等职业学校面向农村开展技术服务和送科技下乡活动，完成农民教育及培训7.92万人次。**湖南省**高等职业学校主持、参与乡村振兴科研项目476个，开发涉农新技术151项；中等职业学校为脱贫地区解决产业科技难题110项，开发特色产业新产品182种，开展农村实用技术培训约4.13万人次。**山东省**高等职业学校把推进农业技术研发作为乡村振兴的切入点，解决当地农业发展技术难题，深入农村一线开展技术培训，为新型职业农民开展专项培训12.48万人次。**山西省**高等职业学校建立农牧产品技术服务咨询平台，开展“种植养殖户上门咨询”“特派员下乡”服务，推广农林、中药、畜牧养殖等领域的新技术、新标准、新方法，开展农产品种植技术、畜牧养殖技术、电商营销技术等专题培训。

图14 河北省青龙满族自治县职业技术教育中心教师为果农讲解剪枝技巧

案例 18：推广涉农技术，服务传统农业升级

惠州商贸旅游高级职业技术学校、突泉县中等职业学校、五大连池市职业教育中心学校利用无人机服务农田飞防和植保作业。惠州商贸旅游高级职业技术学校将大载重无人机应用于茂谷柑种植，为基地喷洒防虫害药物；突泉县中等职业学校开展无人机植保作业服务，喷洒农药近 2 000 亩；五大连池市职业教育中心学校完成无人机农田飞防服务达 290 万亩，节省工时约 4 000 万。

江苏省徐州市张集中等专业学校与省农科院合作，开展抗黄化曲叶病毒病番茄新品种苏粉 12 号的研发和推广试种工作，专业教师指导村民栽植苏粉 12 号番茄苗 2 000 亩，两年来，为引进栽培抗病毒番茄的农户增收 320 万元。

江苏农林职业技术学院持续钻研草坪草种质创新、新品种选育和绿色高效草坪生产关键技术研发工作，迭代创新了四代草坪生产技术，牵头创建了江苏省草坪产业技术创新战略联盟、长三角地区草坪产业国家创新联盟，将草坪种植新技术和新品种辐射推广到全国 30 多个县市，草坪年种植面积达 9 万余亩，撬动数十亿元产业，造福 4 万多户农民，支撑草坪产业转型升级。

新疆农业职业技术学院组建科研团队开展农业技术专项研究，并将研发创新的农业技术在农村地区推广应用。西瓜断根嫁接技术在昌吉市推广应用，80 亩嫁接西瓜平均亩产 6.2 吨，销售额高达 100 万元，纯利润 60 万元，创下了昌吉市露地夏季西瓜种植年度效益历史新高；高蒜氨酸大蒜专用肥在吉木萨尔县推广应用面积达 1 000 余亩，农户收入提高 3 000 ～ 5 000 元 / 亩。

专业支撑“一老一小”，服务人口高质量发展。当前，我国总人口增速明显放缓，生育水平持续走低，老龄化程度加深，推动人口高质量发展成为支撑中国式现代化的重要基础。职业学校主动服务“一老一小”，扩大专业布点和人才培养规模，开展托育服务、养老服务、家政服务等职业

图 15 河北石油职业技术大学研制的自走式山楂、板栗采摘装置

技能培训；大力实施智慧助老、兴趣培养、特色课程等多样化老年教育，帮助老年人乐享精彩生活；面向低龄老年人提供技能培训，服务社会弱势群体技能提升，发挥独特的社会兜底功能。2022 年，全国高等职业学校在老年保健与管理、智慧健康养老服务与管理、婴幼儿托育服务与管理、早期教育等专业布点数 1 146 个，年招生 95 495 人，较 2021 年在校生人数增长 22.58% [1]。**安徽省**面向包括养老服务、家政服务在内的各类民生领域群体开展职业技能培训超 90 万人次。**北京市**中等职业学校实施“百千万智慧助老”行动，统筹老年教育机构和养老服务机构，做好老年人信息技术应用的培训工作，全市每月举办智慧助老活动约 20 场，每月服务老年人 5 000 人次以上。**上海市**中等职业学校积极开展残疾人技能培养与培训，举办特殊教育班，教授实用就业技能，与企业合作共同解决残疾学生的实习和就业问题。**辽宁省**高等职业学校构建三级社区教育指导体系和五级办学网络，搭建老年大学互动服务平台、老年教育学习平台，提供老年特色课程 1 万余门，受益人群 1 000 余万。

[1] 数据来源：全国高等职业院校人才培养工作状态数据采集与管理平台

案例 19：开展多样化老年教育，提升老年群体生活就业技能

淮安中等专业学校坚持开展老年教育学院专业建设，面向社区老人开设声乐、二胡、形体、时装、书法与国画等专业，累计招生 462 人，丰富了当地老年人文化生活，提升了社区幸福指数。

哈尔滨市现代服务学校依托社区学院开发智能手机培训课程，将提高老年人运用智能技术的能力列为学习重点内容，推动手机等智能终端产品适老化改造，重点指导老年人在新冠疫情防控、应急、就医、购物付款等情况下的手机操作技能，引导老年人了解新事物、体验新科技，积极融入智慧生活。

天津市东丽区职业教育中心学校关注老年人的精神需要，全力办好老年大学，开发声乐、舞蹈、书法、摄影等不同门类的老年培训项目，组织开展歌友会等内容丰富的老年活动，为老年人搭建了展示自我的平台，丰富了老年人的业余生活。

常州纺织服装职业技术学院面向有再就业需求和意愿的低龄老年人及老年服务人员，开展"养老护理员""失智老人照护""手工编织""服饰盘扣"等职业技能培训 1 700 余人次，帮助低龄老年人提升了就业技能。

重点面向基层，巩固卫生服务体系建设。新冠疫情形势对基层卫生服务体系建设提出了更高的要求。职业学校扎实推进基层医疗卫生人才培养，主动服务基层卫生人员职业技能培训，积极开展基层市民中医养生知识普及推广与应急救护技能培训，为国家尤其是基层卫生服务体系建设做出了积极贡献。职业学校毕业生也成为基层医疗卫生机构的主力军。数据显示，2021 年，在基层医疗卫生机构中，学历为大专、中专的，在社区卫生服务中心人员中占比 54.70%，在乡镇卫生院人员中占比 73.80%，在村卫生室人员中占比 79.50% [1]。2022 年，全国高等职业学校在临床医学、中

[1] 数据来源：2022 中国卫生健康统计年鉴

图 16　贵阳市中山科技学校学生进行幼儿护理实训

医学、护理、药学、医学检验技术、医学影像技术、放射治疗技术、助产、康复治疗技术、口腔医学、口腔医学技术、眼视光技术等专业布点 2 433 个，在校生近 60 万人，输送毕业生 51 万人[1]。本科高等职业学校正在逐步扩大相关专业人才培养规模，2021 年、2022 年在校生人数较上一年分别增长了 31.57%、169.27%[2]，适应了基层医疗卫生人员学历提升的要求与趋势。**天津市**、**湖北省**、**河北省**、**贵州省**、**山东省**医药类职业学校，联合承办首届全国农村卫生人员能力提升培训项目，重点面向涉农地区基层卫生人员开展培训，提升基本医疗服务、公共卫生服务、健康管理和疫情应对能力，观看在线课程人员遍布全国 10 余个省份。**四川省**护理类职业学校与民族地区医院签署合作育人协议，推进专业建设、师资培训等，培养民族地区本土化人才，毕业生扎根基层缓解了民族地区卫生人才缺乏问题。**河南省**中医药类职业学校充分发挥资源优势，与社区卫生服务

[1][2]　数据来源：全国高等职业院校人才培养工作状态数据采集与管理平台

中心合作，积极探索融医疗服务、养生知识、健康文化为一体的中医健康保障模式，提高市民的中医健康知识素养。**重庆市**医药类职业学校走进社区、家庭、单位、学校，按科普对象需求定制“急救菜单”，开展心肺复苏，自动除颤仪使用，创伤、溺水、触电、中毒急救等系列科普培训。

案例 20：培养培训基层医护人员，夯实基层卫生服务基础

晋中市卫生学校面向乡村医生开展招生，重点培养农村医疗人才，毕业生遍及晋中各市县级医院、乡镇卫生院和村卫生室，总计为社会培养了近 10 万名医、技、护毕业生，缓解了晋中市及其他几个市县乡村医疗卫生人才后继乏力的状况。

西安医药科技职业学校持续面向基层卫生人员提供培训服务，开展杨凌基层卫生服务能力提升专题培训、闻喜乡村医生岗位培训、万荣乡村医生医疗服务能力提升培训、杨凌妇幼保健项目培训、省级医学继续教育项目基层卫生人员培训提升班等，总计培训 1 242 人次，服务提升基层医疗服务能力建设。

青海卫生职业技术学院挂牌成立“青海省乡村医生培训中心”“青海省社区全科医生培训中心”“青海省藏区卫生专业技术人员培训中心”等省级培训基地，推进为期一年的全省藏医全科医师转岗培训项目，50 名来自基层的藏医学员参加培训，拓展了基层藏医药卫生人员全科服务能力，促进了藏医药事业传承与发展。

湘潭医卫职业技术学院与省内近 200 家基层卫生院（所）建立合作关系，创新实施“学校 + 医院”人才培养模式，承担省卫健委“乡村医生本土化人才培养工作”、湘潭市“助理全科医生免费培养任务”等培养项目，累计为全省培养基层医疗卫生人才 1 499 人，助力基层医疗卫生人才队伍建设。

2.4 服务美丽中国

聚焦环保人才培养，促进生态产业发展。绿色发展是我国发展的重大战略，绿色人才和绿色技能是推动绿色发展的关键。职业学校紧密对接产业发展和产业转型需求，聚焦绿色低碳、生态环境、节能安全高端产业和产业高端，科学设计人才培养目标和方案，开发符合我国发展路线的专业课程，对接企业生产环节优化教学内容，加快培养行业企业急需紧缺人才。2022 年，环境监测技术、生态保护技术、绿色低碳技术等环境保护类专业布点 134 个，较上年增长 116.13%；毕业生 5 400 余人，较上年增长 39.35%；在校生近 2 万人，较上年增长 19.90% [1]。环保产业相关专业的毕业生就业率、对口就业率均保持在较高水平，为助力将“绿水青山”打造为“金山银山”提供了坚实的人才保证。**云南省**围绕打造世界一流“绿色能源牌”的发展战略和绿色能源等八大千亿级优势产业的人才需求，成立了云南绿色能源职业教育集团，强化和企业之间的合作，增加人才培养的针对性和适应性，为绿色能源产业高质量发展提供强力支撑。

案例 21：精准培养专业人才，助力绿色产业发展

盐城机电高等职业技术学校明确绿色育人理念的实践方向，树立“厚植行健文化，培养绿色技能，服务社会发展”人才培养顶层设计目标，开发新兴绿色专业、迭代升级优势专业、调整淘汰老旧专业，积极推进专业“绿色”升级和数字化改造，将“绿色、人文、节能、环保”等融入文化建设。

长沙环境保护职业技术学院构建环境工程技术、环境监测技术、生态环境修复技术 3 个特色专业群，与企业共建智慧水务、智能监测、生态遥感 3 大产业学院，抓住国家绿色低碳行业发展的重大战略机遇，服务于区域经济社会发展的生态环境需求，累计为国家培养 6

[1] 数据来源：全国高等职业学校人才培养工作状态数据采集与管理平台

万余名环境保护类技术技能人才。

广东环境保护工程职业学院打造以“生态环境、绿色低碳”为主题的创新创业育人基地。面向全校学生组织遴选校级“生态环境”创新训练营和“人居环境·乡村振兴”等7个二级学院创新班，参与师生6 322人次。学生项目获广东省质量工程大学生创新创业计划立项10个，荣获国家级创新创业大赛银奖1项、省级及以上荣誉16项。

江苏城乡建设职业学院构建“染绿嵌标”的“绿色+”专业人才培养方案和课程体系，再造“浸绿润心”的“绿色+”行动导向教学流程，开发“荟绿互融”的“绿色+”教学资源和平台，以“绿色校园”示范工程为载体，将校园本身打造成融教学、科研、科普于一体的育人平台。

资阳环境科技职业学院与四川省水污染与治理协会合作，共同制定“污水处理工职业技能等级证书”标准。与企业合作开展订单班，培养“崇德知礼、身心健康、职养深厚、多技强能”，能够自觉倡导和践行绿色低碳、健康环保生产生活方式，适应行业一线需求的高素质技术技能人才。

围绕生态环境保护，开展技术开发与推广。职业学校积极参与生态环境污染防治、资源节约和循环利用、城市绿色发展、新能源、能耗和污染物协同控制技术等重点领域的技术研究与推广应用，提高生态保护和修复的水平和效率，促进生态环境改善。2022年，全国17所环境保护类高职学校共申报相关专利430余项[1]，为职业学校积极参与生态环保技术开发奠定了良好基础。**甘肃省**以省级“应用技术协同创新中心”为基础，在节能环保、清洁生产等绿色生态产业领域开展技术攻关，通过节能环保关键技术、清洁生产技术工艺研发，积极推进协同创新。**山东省**积极参与“黄河流域生态保护和高质量发展农业科技协同创新联盟”，围绕绿色植保、棉花种植、大豆推广、盐碱地综合利用等方面，着力破解制约黄河流域生态

[1] 数据来源：incoPat专利数据库

保护和高质量发展的共性关键技术问题。

案例 22：创新生态保护技术，守护绿水青山生态安全

湖北工程职业学院与企业合作研发高热值燃气低氮燃烧器，首台样机正式交付使用，既可通过自动化控制提高天然气燃烧热值，还能降低氮氧化物的排放，其氮氧化物排放量可控制在 80 mg/m^3 以内，远低于国家 240 mg/m^3 的排放标准，该燃烧器填补了黄石市燃烧器研发领域的空白，有助于国家落实煤改气环保政策。

黄河水利职业技术学院发挥水利科技特色，积极开展水污染修复技术研发助力河清湖晏，研发的基于水下光场的沉水植物恢复技术，成功应用于蠡湖水质净化治理，得到生态环境部、无锡市政府的验收认可，产生了巨大的生态效益。

山东商业职业技术学院与企业合作研发二氧化碳跨临界直冷制冰机组，用于 2022 年北京冬奥会“冰丝带”项目，学校制定了国内首套制冷行业高技能人才培训标准，开发了相关培训资源，得到联合国环境规划署“臭氧行动”区域官员高度认可并推广应用至国内外 53 所院校和培训机构。

天津市职业大学与企业共同开展循环水系统新工艺及环保水处理药剂的应用研究，最终得到以烟秆提取物为主剂的高效缓蚀阻垢剂与镁合金缓蚀剂，开发了成套循环水处理方案，同时还将电催化氧化法及水夹点技术相结合，对循环水系统的工艺及换热网络进行优化，开发出安全、高效且无二次污染的水处理技术，有效实现工业水处理的减耗增效。

依托区位优势，中西部学校发挥重要生态屏障作用。在国家“两屏三带”（“青藏高原生态屏障”“黄土高原—川滇生态屏障”和“东北森林带”“北方防沙带”“南方丘陵山地带”）等十大生态安全屏障中，中西部职业学校充分发挥人才、专业、文化等方面的独特优势，在绿色教育、绿

色科技、绿色文化、生态治理等方面不断发挥重要的基础性作用。**甘肃省**通过创新创业、科技助农、职业培训、智库建设和文艺活动等形式，发挥专业优势、基地优势、师资优势，促进乡村在产业经济、农民收入、生态环境和精神文明等方面快速发展。**湖北省**组织全省高等职业学校科技人员和学生，为乡村生态建设等提供科技支撑，5 所高等职业学校被有关部门通报表扬。

案例 23：精准对接当地需求，助力生态环境改善

临沧市农业学校服务临沧市“茶果糖菜牛药咖”全产业链建设，依托职业技能鉴定平台，2022 年，共计完成生态护林员，林下三七、甜龙竹和“三个双百”林草科技人员，三区科技下乡服务，归侨家眷种植养殖等相关培训 3 270 人。

甘肃畜牧工程职业技术学院编制《祁连山生态保护方案》与《古浪县八步沙林场和民勤县昌宁乡现场教学实施方案》，2 000 余名师生参与以“构筑生态屏障，守护绿色丝路”为主题的环保实践、水源地保护、防沙治沙生态治理志愿服务活动，所研发的荒漠植被栽植一体机，在八步沙林场种植梭梭树苗试验成功，并捐赠给林场开展实际应用。

青海农牧科技职业技术学院专业教师组团成功申报青海省“科技特派员工作站”——“科技小院”，完成“退化高寒草地生态－生产功能协同提升关键技术研发与应用”“青海高寒区优质豆科饲草生产关键技术集成与推广”项目，分别获得第五届全国草业科学技术奖一等奖、全国农牧渔业丰收奖三等奖。

山西林业职业技术学院植物资源调查与利用技术服务团队 2022 年接受山西省农业农村厅农业生态保护与资源区划中心委托，开展农业外来入侵物种普查和标本制作工作的技术指导，共计培训农技人员 300 余人、采集外来入侵植物标本 70 余种。

云南国土资源职业学院发挥专业优势，针对阳宗海风景名胜区水

资源保护存在的问题，提出全区水资源保护、开发利用、节约和治理的近远期方案，重点完成地下水的开发利用和保护规划，开展《阳宗海风景名胜区水资源保护和利用规划工作大纲》编制，制订完成《阳宗海风景名胜区水资源保护和利用规划》，为风景名胜区水资源合理利用和节约保护提供依据。

2.5 服务贡献卓越校

报告从人才培养、技术服务、社会培训三个维度，以毕业生人数、毕业去向及就业质量、纵横向技术服务到款额、技术产权交易收入、知识产权项目数、发明专利授权数量、专利成果转化到款额、非学历培训到账经费、公益项目培训学时等定量数据为基础，遴选出东部地区、中部和东北地区、西部地区各 50 所服务贡献卓越高等职业学校，突出 2022 年高等职业学校在服务社会、企业等方面的重要贡献。

表 2A　服务贡献卓越高等职业学校（东部地区）

学校名称	学校名称
滨州职业学院	广州番禺职业技术学院
常州工业职业技术学院	杭州职业技术学院
常州机电职业技术学院	河北工业职业技术大学
东营职业学院	河北化工医药职业技术学院
广东工程职业技术学院	河北科技工程职业技术大学
广东工贸职业技术学院	济南职业学院
广东机电职业技术学院	江苏城市职业学院
广东科贸职业学院	江苏工程职业技术学院
广东科学技术职业学院	江苏经贸职业技术学院
广东轻工职业技术学院	江苏农林职业技术学院
广东职业技术学院	江苏农牧科技职业学院
广州华立科技职业学院	江苏食品药品职业技术学院

续表

学校名称	学校名称
江苏信息职业技术学院	苏州市职业大学
金华职业技术学院	唐山工业职业技术学院
黎明职业大学	天津轻工职业技术学院
南京工业职业技术大学	威海职业学院
南京信息职业技术学院	潍坊职业学院
南通职业大学	温州职业技术学院
山东科技职业学院	无锡职业技术学院
山东理工职业学院	徐州工业职业技术学院
山东畜牧兽医职业学院	扬州工业职业技术学院
深圳信息职业技术学院	义乌工商职业技术学院
深圳职业技术大学	浙江工贸职业技术学院
顺德职业技术学院	浙江工业职业技术学院
苏州农业职业技术学院	浙江机电职业技术学院

表 2B　服务贡献卓越高等职业学校（中部和东北地区）

学校名称	学校名称
安徽机电职业技术学院	长沙民政职业技术学院
安徽交通职业技术学院	滁州职业技术学院
安徽水利水电职业技术学院	大连职业技术学院
安徽职业技术学院	合肥职业技术学院
安庆职业技术学院	河南工业职业技术学院
长春汽车工业高等专科学校	河南交通职业技术学院
长春职业技术学院	河南应用技术职业学院
长沙航空职业技术学院	河南职业技术学院

续表

学校名称	学校名称
湖北城市建设职业技术学院	辽宁省交通高等专科学校
湖北科技职业学院	辽宁石化职业技术学院
湖北三峡职业技术学院	娄底职业技术学院
湖北生态工程职业技术学院	商丘职业技术学院
湖北职业技术学院	沈阳职业技术学院
湖南工业职业技术学院	芜湖职业技术学院
湖南环境生物职业技术学院	武汉城市职业学院
湖南机电职业技术学院	武汉船舶职业技术学院
湖南科技职业学院	武汉交通职业学院
湖南三一工业职业技术学院	武汉软件工程职业学院
湖南生物机电职业技术学院	武汉职业技术学院
湖南信息职业技术学院	襄阳职业技术学院
黄河水利职业技术学院	新乡职业技术学院
江西环境工程职业学院	许昌职业技术学院
江西交通职业技术学院	永州职业技术学院
九江职业技术学院	岳阳职业技术学院
辽宁农业职业技术学院	郑州铁路职业技术学院

表 2C　服务贡献卓越高等职业学校（西部地区）

学校名称	学校名称
阿克苏职业技术学院	成都航空职业技术学院
巴音郭楞职业技术学院	成都农业科技职业学院
成都工贸职业技术学院	成都职业技术学院
成都工业职业技术学院	重庆财经职业学院

续表

学校名称	学校名称
重庆城市管理职业学院	柳州铁道职业技术学院
重庆城市职业学院	泸州职业技术学院
重庆电子工程职业学院	绵阳职业技术学院
重庆工程职业技术学院	南充职业技术学院
重庆工商职业学院	黔南民族职业技术学院
重庆科创职业学院	陕西工业职业技术学院
重庆能源职业学院	陕西国防工业职业技术学院
重庆三峡医药高等专科学校	陕西交通职业技术学院
重庆医药高等专科学校	陕西能源职业技术学院
达州职业技术学院	陕西铁路工程职业技术学院
广西工业职业技术学院	四川长江职业学院
广西交通职业技术学院	四川工程职业技术学院
广西农业职业技术大学	四川职业技术学院
广西水利电力职业技术学院	铜仁职业技术学院
贵州工业职业技术学院	西安铁路职业技术学院
贵州交通职业技术学院	锡林郭勒职业学院
贵州水利水电职业技术学院	杨凌职业技术学院
酒泉职业技术学院	宜宾职业技术学院
昆明冶金高等专科学校	云南国土资源职业学院
兰州石化职业技术大学	云南交通职业技术学院
兰州资源环境职业技术大学	遵义职业技术学院

3 文化传承

文化传承是职业教育的重要功能。2022 年，职业学校聚焦高素质技术技能人才、能工巧匠、大国工匠培养，自觉践行工匠精神、劳动精神、劳模精神；大力弘扬红色文化，赓续红色血脉，传承红色基因；坚守中华文化立场，继承和发扬中华优秀传统文化，在工匠精神、红色文化、中华优秀传统文化的传承上发挥了重要作用。

3.1 传承工匠精神

立足自身职责，诠释工匠精神。职业学校开展“未来工匠说”等主题演讲、征文、社会实践、志愿服务、展演展示活动，邀请大国工匠、技艺大师、劳动模范走进校园，讲授产业知识和工艺历史，传授技能技艺，剖析新时代工匠精神的价值，帮助学生认识技能成长与工匠精神的关系，引导学生坚定地走技能报国之路。2022 年，数十万职教学子通过参与“写给 2035 的我”“未来工匠说”主题教育活动，讲述大国工匠故事，感悟榜样力量，诠释工匠精神丰富的时代内涵。**山东省**中等职业学校开展“大国工匠进校园”活动 1 500 余场次，组织全国劳模、国家级技能大师、全国技术能手等 900 多名大国工匠走进校园，增进学生对工匠精神内涵的认识，2 万余名学生被认定为“齐鲁工匠后备人才”。**福建省**组织开展“技能成才 强国有我”主题教育系列活动 3 000 余场，受众 6 万余人，录制“未来工匠说”微视频 300 余个，展播优秀作品 200 余个，播放量 10 万余次。**云南省**教育厅和省总工会连续五年举办“工匠进校园”活动，邀请大批“云岭工匠”走进校园，开展现场教学，引导广大师生真切感受劳模精神、劳动精神、工匠精神，培养培训云岭工匠人才，打造云岭工匠培育品牌。

案例 24：聚焦职业教育特征，诠释工匠精神

北京铁路电气化学校构建融“劳动精神、工匠精神、劳模精神”于一体的育人模式，培养学生严谨负责、质量为首、敢于创新的品格，引导学生学习詹天佑的爱国精神，培养出“中国重载第一人”景生启、“动车大夫”唐云鹏、全国劳模谷建峰、全国五一劳动奖章获得者宋彦齐。2022 年，优秀毕业生王振强当选党的二十大代表。

上海城建职业学院成立上海市“新时代劳模（工匠）文化教育教学基地”，与企业共建 21 个劳模育人实践基地。聘请 100 多名劳模担任德育导师，60 多名劳模担任特聘教授，开办劳模（工匠）精神教育实验班，完成“走近劳模”等工匠系列课程开发，年均开展劳模面对面专题活动 30 余场次。

济源职业技术学院将“工匠精神”“愚公移山精神”与学生素养教育相融合，实施以培养现代工匠为核心的“新愚公成长工程”。设计“新愚公”工匠素养指标，开发学生成长信息平台，利用大数据技术为学生成长画像，先后为万余名毕业生颁发“新愚公素养成长护照”，培养了大批具有工匠精神的“新愚公”。

传承技术技能，践行工匠精神。职业学校成立工匠学院，开设工匠班，建立技能大师工作室，在入学教育、课堂教学、技能大赛、实习实训、课外活动等育人环节，引导学生将工匠精神转化为自觉行动，以一技之长筑牢践行工匠精神的传承基础。2018—2022 年，中华全国总工会、中央广播电视总台先后 4 次评选“大国工匠年度人物”，40 名大国工匠中有 27 人毕业于职业学校。**湖南省**实施“湖湘工匠燎原计划”，开设工匠精神课程，累计建立技能大师工作室 445 个，遴选 5 所本科高校作为培养基地，免试招收工程机械、智能制造等专业技能竞赛获奖学生 148 名，单独编班培养本科层次工匠人才。**内蒙古自治区**实施“工匠班”培养计划，围绕新能源、新材料、新型化工、绿色农畜产品加工、数字经济、文化旅游以及现代服务业等产业链，遴选试点专业，培育民族工匠。**北京市**高等职

业学校坚持将价值塑造、知识传授和能力培养融为一体，显性教育和隐性教育相统一，将工匠精神、职业道德、职业精神和职业规范等内容融入专业人才培养方案，德技并修、育训结合，培养学生成为具有工匠精神的高素质技术技能人才。

案例 25：发挥职业教育优势，培育大国工匠

烟台职业学院构建学生后备工匠、校级大师工匠、市级大师工匠、省级大师工匠、国家级大师工匠“五级金字塔式”培育体系，依托专业组建学生工匠社团，定期评选“校园小工匠”，组织全国劳模、国家技能大师、“齐鲁大工匠”等走进校园，以匠心匠艺浸润学生心灵，营造了良好的工匠成长氛围。

陕西工业职业技术学院紧扣“技术技能工人到大国工匠”培养目标，搭建校区、社区、厂区、馆区、园区“五区一体”育人平台，校企协同培养大国工匠。先后涌现出全国人大代表何菲、“大国工匠”何小虎、陕西省技术状元黄亚光等大批优秀毕业生，26 名毕业生入职清华大学、北京航空航天大学等高校担任实训指导教师。

无锡城市职业技术学院搭建工匠之师培养平台，开展“工匠之师·园丁之师”技能大比武，设置 37 个比赛项目，254 名专业教师参加比武，推动教学模式与教学方法创新，提升教师的实践技能和教学水平，培养高素质专业化的“工匠之师”，为大国工匠、能工巧匠培育奠定了良好的基础。

传播工匠精神，引领技能成才。职业学校依托全国职业教育活动周、区域技能宣传活动等平台，开展技术服务、志愿服务和职业启蒙教育，通过网站、微博、微信等新媒体渠道，广泛宣传推广优秀职教学子苦练技术技能、传承工匠精神、弘扬劳动精神的事迹，增进社会公众对技能成才的认可度，营造崇敬工匠、崇尚技能、劳动光荣的良好社会氛围。**广西壮族自治区**高等职业学校走进社区、企业和乡村，开展职业启蒙和职业培训，

依托各校工匠学院，完成非学历培训项目 1 800 余项、社会培训 73 万余人次，助力选树“广西工匠”，服务“质量强桂”战略，促进省域内形成工匠圆梦、技能成才共识。**江苏省** 42 所高等职业学校面向中小学生设立职业体验中心，提供丰富多彩的技术准备课程和职业体验项目，引导青少年感受职业文化、树立职业理想，弘扬“劳动光荣、技能宝贵、创造伟大”时代风尚。**浙江省**舟山市职业学校开展“培育时代新工匠，构筑海岛风景线”技能宣传月活动，组织工匠进社区、大师亮绝活，举办“青蓝携手，师徒结对”仪式，开展“技行天下”系列展示活动，制作“了不起的工匠”人物专题片，浏览量 30 余万人次，形成“崇尚技能、争当工匠”的社会共识，激励当地更多青年走上技能成才之路。

案例 26：工匠榜样力量，引领逐梦成才

柳州微型汽车厂中等职业技术学校毕业生郑志明是党的二十大代表。他带领团队自主研制工艺装备 515 项，交付使用工艺、工程装备 1 236 台（套），参与设计制造 10 多条自动化生产线，研制的微型汽车后桥壳自动化焊接生产线填补国内空白。2022 年获评“大国工匠年度人物”。

江苏省车辐中等专业学校毕业生贾强创办邳州市华瑞粮食种植家庭农场，以小麦、水稻种植及稻米加工与销售为主，是“江苏省示范家庭农场”，获评全国劳动模范、全国“大国农匠”一等奖、江苏省首届“苏米工匠”。

江西省医药学校国家级技能大师工作室负责人吴剑传承“建昌帮”濒临失传的传统切制、泛制、煨制、炆制等绝技绝活，培养了一批中药炮制能工巧匠。学生钟雪凤留校任教，先后获江西省技术能手、江西省青年岗位能手、巾帼标兵等荣誉称号。

长沙航空职业技术学院毕业生杨海东先后获空军航空修理系统技术能手、四川省五一劳动奖章、四川省技术能手、四川工匠等荣誉称

号，被誉为能快速解决战斗机安全飞行技术难题的“航修创客”。

安徽职业技术学院毕业生汪愿涵，专注航空航天产品的装配焊接工作，精准掌握航空航天军工体系技术要点，坚守高精度、高标准的质量要求，先后获评中国电科技术能手、全国青年岗位能手、全国技术能手。

湖南工艺美术职业学院聚焦“工匠之技”培养出一大批工匠新星，毕业生中28人获“全国技术能手”称号，其中，留校任教的2020届毕业生董青代表我国赴芬兰参加2022年世界技能大赛特别赛，斩获时装技术项目金牌。

图17　湖南工艺美术职业学院优秀毕业生董青参加2022年世界技能大赛特别赛

3.2　传承红色基因

开展红色教育筑牢信仰。职业学校围绕“我们一起学党史”、红色基因传承等主题，开展红色文化艺术教育、红色阅读、红色文化社团实践、志愿服务等活动，激发学生爱国之情、报国之志，引导学生筑牢信仰之基，树立远大理想，更加坚定中国特色社会主义道路自信、理论自信、制度自信、文化自信。**湖北省**中等职业学校将红色德育主题活动与学生日常养成教育紧密配合，创建红色德育基地，厚植爱党、爱国、爱人民、爱社会主义的情感，谱写“职教红”育人铸魂新篇章。**江西省**开展“红色基因传承示范校”评选活动，全省高等职业学校积极参与，充分发挥当地红色文化的育人功能。**陕西省**高等职业学校积极组织学生学习党史和党的二十大精神，开展“国旗下的成长”主题教育、“永远跟党走”红色故事演讲、“观看红色电影，汲取奋进力量”等系列活动，引导学生坚定信仰，用实际行动履行时代新人的使命与担当。

案例 27：红色教育丰富多彩，红色文脉代代相传

山东省莱阳卫生学校实施“红色教育润心”工程，打造红色文化、医护文化、企业文化、校园文化“四位一体”红色育人体系，教育引导学生坚守职业道德和职业精神，做有大爱医者，每年开展红色义诊、窝沟封闭、急救培训等志愿服务超过 9 000 人次。

吉安职业技术学院以跨越时空的井冈山精神铸魂育人，建立“映山红”退役军人示范班，组织“匠心讲堂”，开展“线上红色云游、线下红色走读”“红色家书诵读、红色故事讲演、红色歌曲合唱、红色微视频创作、红色精神微讲解”等活动，打造“井冈红”校园文化品牌，引导学生坚定理想信念、厚植家国情怀。

江苏航运职业技术学院开设“党史音乐”美育课程，以红色原创节目为抓手，编排群舞《奋楫新征程》讲述党的百年历程，将“渡江第一船”战斗英雄事迹改编为舞台剧《宣进锋》，有效提升学生学习兴趣与效果。师生编排的快闪节目《党啊，亲爱的妈妈》在“学习强国”平台上线。

整合资源赓续红色血脉。职业学校建设面向社会开放的红色文化展示空间、图书馆红色阅览区等特色育人场馆，开发服务学生和社会大众的数

图 18　广元市昭化区职业高级中学邀请抗美援朝老战士李化武为新生讲述抗美援朝故事

字化红色教育资源、虚拟红色体验场景，组建高素质红色文化传播团队，赓续红色血脉，自觉肩负传承红色基因的政治责任和历史担当。**甘肃省**遴选建设职业教育红色文化研学旅行示范基地，搭建资源共享、优势互补、互惠共赢平台，一批职业学校成为传播红色文化、体验红色精神的重要基地。**宁夏回族自治区**中等职业学校利用校园文化墙和教室文化墙打造红色文化阵地，开发红色校本教材，让红色文化渗透到学生日常生活学习中，激励学生以伟大人物和革命者为榜样，培养高尚情操和坚定的意志品德。**陕西省**宝鸡市渭滨区职业学校开发点单式“红色芳华”社区培训项目，开展“红色党史感党恩”“红色芳华赞中华”“红色剪纸传承技艺”“红色手编心向党”等活动，将优质培训资源送到群众“家门口”，促进渭滨“红色学习型社会”建设，先后吸引社区党员、普通居民、单位职工等 5 000 余人次参加培训。

案例 28：开发优质资源，赋能红色教育

湖北省红安县职业技术教育中心充分利用红安“村村有将军，家家有烈士”的红色资源优势，将红色主题活动与日常养成教育相结合，打造红色校园文化，创建红色德育基地，开发红色文化课程，深挖红色文化内涵，谱写红安特色育人铸魂新篇章。

云南新兴职业学院深挖当地“红军长征巧渡金沙江”红色资源，在校园内建设了占地 1.76 万 m^2 的英雄广场、红军长征壁画、“巧渡金沙江”情景雕塑等红色育人场馆设施，用革命精神引领时代新人培育。2022 年，接待各级党政机关、学校、民间团体等参观学习 12 000 余人次。

上海工艺美术职业学院探索红色虚拟现实（VR）新路径，制定 VR 通用行业标准和人才培养标准，创作“飞夺泸定桥”VR 红色体验项目，开发建党百年《红色基因述初心》VR 系列片，播放量突破 3 000 万。

立足区域打造红色教育品牌。职业学校充分利用区域红色资源优势，结合区域党史事迹、革命先辈故事、革命遗址等，开发红色教育课程、规划红色研学旅行线路、开展红色思政实践活动，推动区域红色资源保护、开发和利用，打造特色红色文化教育品牌，增强红色文化的感召力与感染力。**新疆生产建设兵团**将兵团精神、胡杨精神作为思政教育重要内容融入课堂主渠道，强化广大师生传承红色基因、赓续红色血脉的行动自觉，坚定不移培养戍边时代新人。**西藏自治区**充分挖掘“老西藏精神”红色资源，打造“老西藏精神”育人品牌，引导广大学生心手相牵，共筑雪域高原中国梦。**江西省**围绕传承长征精神、苏区精神、井冈山精神等革命精神打造红色育人品牌，建设了一批“红色基因传承示范校”。

案例 29：追寻红色记忆，传承革命精神

临汾职业技术学院深入推进红色文化融入城市文化、浸润基层文化，培育红色讲解员、红色故事会、红色微课 3 个红色育人品牌，开发 42 个红色资源特色微课，35 名师生红色讲解员进机关、进学校、进军营、进企业、进社区、进农村，宣讲红色故事，传播时代好声音，年受众 6 万余人次。

培黎职业学院总结提炼艾黎精神内涵和培黎文化红色元素，编写《艾黎情研学读本》和研学教材，开发“艾黎情”研学课程 23 门，开展“寻访艾黎足迹 · 体悟初心大爱”研学活动。学院成为甘肃省职业教育红色文化研学旅行示范基地、张掖市大中小学思政课人类命运共同体和国际主义教育基地。

山东外国语职业技术大学“红色记忆”党史宣讲实践团利用寒暑期开展社会实践，历时 48 天，行程 5 000 余千米，分赴山东省 16 地市寻红色足迹、讲红色故事，走访老党员、老前辈，收到各地市感谢信 20 余封。该社会实践团入选全国重点服务团队。

3.3 传承优秀传统文化

传承行业特色文化。职业学校立足行业特色，发挥自身优势，通过打造校园文化、凝练学校精神、开设特色课程、编著专门教材和读本等方式，把传承各行各业的优秀文化和行业精神体现在办学实践中，落实在人才培养上，为行业特色文化传承贡献了职教智慧和力量。其中，农林类学校传承农耕文化，帮助学生了解传统农事、农具、农艺、农俗、农时、农历、农作等文化内涵，厚植学生爱农、兴农、强农情怀，培养优秀农业技术技能人才。财经类学校传承浙商、晋商、鲁商、徽商、粤商、闽商等商业文化，帮助学生树立诚实守信、重情重义、厚道包容、公平正直的职业意识，培养忠心爱国、敢于创新、不畏艰难的商业人才。中医药类学校传承独具特色的中医药文化，弘扬大医精诚、医者仁心的精神，帮助

学生感受中医药文化的独特魅力，领悟国医精髓，加深对中医药知识与技能的理解和认识，培养新时代勇于承担中医药文化保护和传承重任的医学人才。

案例 30：立足行业特色，传承行业传统

连云港中医药高等职业技术学校立足传承中医药文化，建成省级中小学职业体验中心 3 个、市级医药非遗学院 1 个，年均接待参观人员 10 000 余人次。2022 年，承办“江苏省海外留学生才艺展”“‘一带一路’外籍粉丝团走进江苏”“中医药文化产品的展示和体验”等项目，提升了中医药文化的影响力。

北京农业职业学院坚持以农业为根基，以德育为核心，以劳动为载体，创新五育并举全过程育人“耕读传家”育人新模式。开设 42 门农业特色课程，开发“涉农政策解读”“乡村文化”等 20 门乡村振兴系列课程，定期举办耕读文化节，打造“印象耕读”育人品牌，弘扬耕读文化，传承农耕文明，培养新时代高素质农业技术技能人才。

山西财政税务专科学校以“讲中国会计文化故事，扬中国会计文化力量”为主线，持续迭代建设首届全国优秀教材《中国会计文化》，将同一历史时期、具有相同社会政治背景的 50 个知识点，按照“文化元素”整合为 8 篇 32 个专题，通过融媒体技术制作“经典算盘”等三维动画，以数字化形式保留文化遗产，使学生身临其境感受源远流长的会计文化。

传承地方优秀传统文化。职业学校充分发挥地缘优势，通过聘请地方文化名人担任兼职教师、开展高雅艺术进校园活动、开设必修或限定选修课程、成立研究中心等方式，将地方历史文化、民间习俗、地方曲艺等特色文化融入教育教学和专业建设，为推动地方文化繁荣发展做出了积极贡献。**山东省**职业学校深入挖掘齐鲁文化、班墨匠心文化以及胶东、沂蒙精

神内涵，建设348个省级职业教育地域文化研究与传承创新平台，着力打造文化传承职教品牌，让职业学校成为地方特色文化的传承和传播中心。**湖南省**职业学校结合专业特点和地方文化特色，遴选建设职业教育“楚怡”文化传承基地20个、“楚怡”产教融合实训基地80个、“楚怡”示范性职业教育集团（联盟）30个，全省中等职业学校开设地方特色文化传承相关课程校均1.6门，参加地方特色文化传承活动校均7.8次。**福建省**职业学校结合自身发展与资源优势，建设优秀传统文化教育研究基地，大力加强闽派优秀传统文化的研究与传播，深入挖掘客家文化、妈祖文化、船政文化等地方特色文化，助力地方优秀传统文化传承与发展。

案例31：深挖地方历史，传承优秀传统

福建建筑学校坚持“中国古建筑文化传承创新的资源集聚地”的办学定位，紧紧围绕建筑工匠人才培养目标，将极富地方特色的古厝文化融入课程体系，建设实训远程平台、创业模拟建筑系统和“三坊七巷”文化创客基地，使学生深刻理解古厝文化的历史人文价值，培养学生保护传承古厝历史文脉的社会责任感。

温州职业技术学院深耕温州市文成县本土历史，利用文字、图片、视频、音频等手段，再现文成县域历史演进的清晰脉络，通过媒体发布、馆内布展、区域巡展、图书出版、网络平台推送等途径，展示文成县70多年由表及里的发展巨变，开辟地方优秀传统文化保护与传承的新路径。

长沙商贸旅游职业技术学院与湘菜龙头企业合作，共建大师工作室，传承湘菜技艺，传播湘菜文化。聘请湘菜行业企业大师24名，大力推动湘菜职业标准建设、职业技能鉴定，校企共同培养2名“百优工匠”、2名市技术能手、3名湘菜大师、2名中国烹饪大师、8名国家级烹饪考评员。

图 19 上海戏剧学院附属舞蹈学校学生演出藏族群舞《筑路欢歌》

传承民族非遗文化。职业学校充分发挥技术技能传承优势，通过成立民间技艺大师工作室和民间技艺产学研联盟、组建民间技艺研发平台、建设专业教学资源库、建立中华优秀传统文化传承学校和基地等方式，与非遗传承人共同开展技术攻关，研发民间工艺流程标准，为推动非遗文化创造性转化和创新性发展发挥了重要作用。截至 2022 年，职业学校共建设 162 个民族文化传承与创新示范专业点；成立“赫哲族鱼皮画”“扬州三把刀烹饪技艺”等多个非遗大师工作室；开发《乐清黄杨木雕技法》《茶艺》等一批职业教育国家规划教材；国家职业教育智慧教育平台上线传统民间泥塑、剪纸、少数民族妆造、中国烙画等近 300 门课程。职业学校连续 8 年承担“中国非物质文化遗产传承人群研修研习培训”任务。2022 年，在全国“学非遗、传非遗、展非遗”活动中，一批职业学校将湘西苗绣、佤族织锦、维吾尔族铜器制作技艺、彝族花鼓舞、藏族唐卡绘画等众多非遗项目搬上舞台，展示展演，受到社会广泛关注。职业学校正逐步成为非遗文化宣传、保护和传承的中坚力量。**贵州省**实施民间技艺传承创新帮扶工程，鼓励职业学校参与民间技艺挖掘和保护工作，探索民间技艺保存方式与发展机制，2022 年，成立民间技艺联盟 3 个，围绕苗绣、蜡染等建成中华优秀传统文化传承基地 6 个。

案例 32：弘扬非遗文化，传承非遗技艺

重庆市彭水苗族土家族自治县职业教育中心作为全国民族团结进步示范校，构建了育人目标、方式、平台、载体与民族文化传承与保护相融合的“民族特色 +”育人模式；开发 13 本民族文化教材、14 门民族类课程、59 个民族文化精品微课，13 名学生成为非遗传承人，201 件学生作品参加国内外展览，民族文化专题片《职教新景 技绘苗乡》在中央电视台“发现之旅”播出。

南京莫愁中等专业学校作为首批全国职业院校 100 个民族文化传承与创新示范点、中国古籍保护协会首批理事单位、全国职业院校传统技艺传承示范基地，积极与故宫博物院、复旦大学图书馆等文博单位合作，修复技艺获行业高度认可，先后修复完成珍贵革命文献百余件。

黔东南民族职业技术学院探索构建了“平台支撑、三定五双、双师带徒”苗绣·贵银非遗产业工匠培养模式，累计带动绣娘 1 万余名，开展培训 1 万余人次，联系服务村寨 100 余个，为苗绣和贵银等相关企业开展技术改造、产品研发等 515 项，与企业联合研发产品 2 000 余件，创造经济价值 1.6 亿元，累计带动产值 3.5 亿元。

安徽机电职业技术学院与中国工艺美术大师储金霞等芜湖铁画传承人在技术研发、人才培养等方面开展合作，共建“芜湖铁画锻制技艺职业教育基地”“芜湖铁画文化传承创新基地”，将 VR 技术引入铁画产业，用科技手段讲好新时代铁画故事，保护传承铁画文化，培养了上百名铁画从业人员。

图 20　黎明职业大学学生身着蟳埔女服饰、头顶簪花围亮相央视新闻客户端

4 国际合作

职业教育国际交流合作是助力我国外交战略的重要路径，是新时代教育对外开放的重要组成部分。2022 年，我国发起并成功举办首届世界职业技术教育发展大会，为世界职业教育深化交流合作搭建有效平台。各地立足新发展格局，持续创新国际交流与合作机制，推动职业教育从“单向引进借鉴”逐渐走向“双向共建共享”。职业学校在开拓境外办学品牌、推进中外合作办学项目、实施本土化师资培训、助力“走出去”企业参与国际产能合作、输出中国特色职业教育标准等方面实现新作为，职业教育国际影响力不断提升，为我国职业教育高质量发展提供新的强大动能。

4.1 合作办学

多措并举拓展境外办学。职业学校充分发挥特色专业优势，突破客观条件限制，与“走出去”企业、境外高校和教育机构等加强交流合作，通过线上对话、云端签约、线下揭牌等方式，新建一批分院、教学基地、培训中心、产业学院等境外办学点。注重加强境外办学点内涵建设，完善管理运行与质量保障机制，不断提升境外办学水平。2022 年，全国高等职业学校在境外开办学校 323 所，开办专业 452 个，在校生 31 147 人[1]。**上海市**坚持政府主导政策支持、企业主导基础建设、学校主导内涵建设、行业协调及其他社会力量参与，创新形成“本土 + 中国”双地区、“东道国 + 中国”双标准、“线上 + 线下”双平台、“职业培训 + 学历教育”双形式的“四双”境外独立办学模式。**广西壮族自治区**成立中国 – 东盟职业教育研究中心，设立的 10 个分中心或研究机构中有 9 个是由高等职业学校牵头，为我国和东盟国家职业教育交流合作提供决策咨询、推广和宣传等服务。**海南省**高等职业学校探索契合海南自贸港、国际教育创新岛建设的境外办

[1] 数据来源：全国高等职业学校人才培养工作状态数据采集与管理平台

学新模式，通过“云端”签约推进境外办学项目达成。**湖南省**高等职业学校依托“走出去”企业，与境外当地政府、行业、学校和企业合作，初步形成“校企校”“校企行”“校企政”等多种形式境外办学模式。**重庆市**高等职业学校携手“走出去”企业，积极推进境外办学项目建设，促进对外人才培养、技能培训、文化交流等项目落地。

图 21　湖南高速铁路职业技术学院与几内亚科纳克里大学共建铁路学院揭牌

案例 33：发挥特色优势开展境外办学，不断提升办学水平

北京信息职业技术学院与埃及苏伊士运河大学、埃及 MEK 基金会合作共建的埃中应用技术学院（ECCAT），建立了海外办学质量监控体系。该体系关键要素包括资质水平审核论证、风险控制、标准输出、教学质量保障、内审外审机制等，有效保证了专业、课程等标准的高水平输出。

哈尔滨职业技术学院与中国有色金属矿业集团、相关海外院校联合共建“中国－赞比亚职业技术学院”，开展学历教育和援外培训，形成了跨国“校企校”办学机制和校企共建、人才共育、资源共享、过程共管、责任共担“五共”运行机制，建设成果被《习近平新时代中国特色社会主义思想学生读本》收录并在全国推广。

湖南大众传媒职业技术学院联合长安大学和马尔代夫维拉学院，共建马尔代夫首家汉语中心——维拉学院汉语中心。该中心以中文教育为纽带，突出传媒职业教育办学特色，融合新媒体技术，开发“中文＋职业技能”培训项目，打造“中文＋”特色孔子学院品牌。

贵州水利水电职业技术学院坚持“走出去”办学，与巴基斯坦苏库尔省立技术学院、巴基斯坦信德省职教局、北京唐风汉语教育科技有限公司共同举办中巴丝路学院，建设了5套高质量国际化双语人才培养方案和课程标准，建成HSK 1~4级教学资源库，“丝路学院”品牌效益凸显。

中外合作办学项目持续推进。职业学校着眼引进境外优质教育资源，加强与国际高水平职业教育机构和高等学校合作，持续开展中外合作办学，推动专业国际化建设，提高国际化人才培养质量。2022年，全国高等职业学校中外合作办学专业889个，在校生81 563人[1]。在教育部中德先进职业教育合作项目（SGAVE）遴选中，289所职业学校进入首批试点院校名单，涉及试点专业310个。**河北省**高等职业学校16个专科中外合作办学项目获教育部备案，合作办学专业45个。**湖北省**高等职业学校与美国、俄罗斯、德国、加拿大、澳大利亚、荷兰、韩国、日本等地的高校合作办学专业29个，在校生4 296人，在教学模式、课程、教材等方面与国际接轨。**山东省**高等职业学校中外合作办学合作培养专业107个，在校生7 866人，合作办学模式由引入单个专业项目转向与非独立法人的中外合作办学机构合作，批量引入国外优势专业集群，推动中外合作办学质量再上新台阶。

[1] 数据来源：全国高等职业学校人才培养工作状态数据采集与管理平台

图 22　上海市商贸旅游学校与蓝带厨艺学院合作办学，创办上海蓝带厨艺职业技能培训学校

案例 34：创新联合培养模式，培育国际化人才

武汉市旅游学校与澳大利亚墨尔本理工学院联合办学，学校将澳方酒店、会展、咖啡、公共礼仪与中方茶艺、中华经典诵读等课程有机融合，培养学生实践能力、创新精神和国际素养。2022 年，13 名毕业生被国内外高校录取，2 名往届毕业生被世界名校录取为研究生。

石家庄工程技术学校与韩国朝鲜大学合作共建中韩（根基产业项目）国际班，引进国外优质教育资源，打造“3+2”“3+4”的留学新模式，学生中专毕业后直接被韩国两年制大专或者四年制本科院校录取，实现“留学 + 就业”一体化目标。

集美工业学校与集美大学、新加坡 PSB 学院合作办学，根据新加坡人才培养标准，调整学生每阶段学习时间，制定新的课程计划，开展针对性辅导，创建海外实习基地，以“中专＋本科”留学连读模式，培育具有国际视野，熟悉东盟文化的“海丝”建设人才，努力打造“嘉庚系”特色合作办学品牌。

上海电子信息职业技术学院与德国兰茨胡特应用技术大学合作开展“机电一体化技术”和“通信技术”高等专科中外合作办学项目，借鉴德国职业教育理念，打造“分层递进、标准融入”技术员人才培养模式，促进专业内涵提升，提高人才培养质量，“高职机电一体化专业融入德国技术员标准的探索与实践”荣获2022年上海市教学成果特等奖。

济南职业学院与美国纽约市立大学史丹顿岛学院合作设立非独立法人的专科层次史丹顿岛国际学院，聚焦大数据技术、大数据会计、学前教育三个专业，采用“3+0”培养模式和国际化教学体系，助力济南市打造高品质“类海外”环境。

助力“走出去”企业参与国际产能合作。职业学校依托境外办学点，不断深化与“走出去”企业合作，按照企业需求定制培训计划，开发针对性技能培训包，选派教学经验丰富、实践能力强的专业教师开展员工培训，为“一带一路”建设培养一大批本土化企业管理人才和技术技能人才，深受“走出去”企业好评。2022年，全国高等职业学校专任教师赴境外指导和开展培训共26.82万人日，广东、江苏、河北、浙江、重庆、山东、江西、河南、陕西、四川10个省份的高等职业学校专任教师开展培训时间在1万人日以上，其中广东省4.52万人日、江苏省3.57万人日、河北省3.03万人日，浙江、重庆、山东三地分别是2.67万人日、2.41万人日和2.29万人日[1]。**安徽省**高等职业学校主动服务国家“一带一路”倡议，为企业提供培训、技术、翻译等服务与资源，赋能皖企海外高质量发展。**江苏省**高等职业学校依托境外培训点，为“走出去”企业重点培养具备较高汉语水平、较强技术能力、熟悉中国企业文化的技术技能人

[1] 数据来源：全国高等职业学校人才培养工作状态数据采集与管理平台

才。**湖北省**高等职业学校面向“一带一路”沿线国家和地区建设培训基地，携手中冶南方工程技术有限公司、千里马机械供应链股份有限公司等省内“走出去”企业，为“走出去”项目定向培育技术技能人才。

图 23　九江职业技术学院与招商港湾国际公司在卡塔尔多哈建立“一带一路”企业职工教育培训基地

案例 35：开展针对性技能培训，助力“走出去”企业发展

淄博职业学院携手“走出去”企业，依托“中坦汽车鲁班工坊”、坦桑尼亚汽车学院，辐射周边地区，为当地企业员工开展技术技能培训，派遣教师参加乌干达工业技能培训与生产中心职业技能培训项目、中国援马里巴马科大学城职业技能培训项目，培训员工 110 人次。

北京工业职业技术学院完成1 000余人次“走出去”企业当地雇员学习汉语的培训、10期260人次中资企业外方员工基层人员培训和50名“走出去”企业外方工程技术和管理人员培训，并为中国－赞比亚职业技术学院的赞比亚教师提供在线跟岗培训。

广州铁路职业技术学院面向8个“一带一路”沿线国家开展境外企业员工培训，构建“中文＋机车”“中文＋供电”等培训项目，30余名外籍教师远程授课，4 000余名企业员工“线上”学习，“足不出户”提升国际化视野和能力。

武汉船舶职业技术学院依托与“走出去”企业共建的海外工厂培训中心（非洲）、海外员工培训中心（越南）、卓越海员培养基地（缅甸）、精英工匠孵化中心（斯里兰卡），2022年培训中国籍国际海员185人，培训企业外籍员工近400人，覆盖加纳、坦桑尼亚、喀麦隆、肯尼亚、坦桑尼亚、越南等国的工厂，助力企业实现本地化发展。

中国职业教育国际品牌效应持续彰显。“鲁班工坊”“丝路学院”“郑和学院”“毕昇工坊”“中文工坊”“大禹学院”“芙蓉工坊”“桂港中心”等一批具有鲜明特征的职业教育境外办学机构，不断强化自身建设，加强在地性研究，在人才培养、师资培训、技能培训、人文交流、服务国际产能合作等方面发挥了重要作用，持续向世界展示中国职业教育国际化办学品牌。2022年8月，首届世界职业技术教育发展大会“‘一带一路’合作与‘鲁班工坊’建设发展论坛”，举行首批“鲁班工坊运营项目”授牌，进一步扩大“鲁班工坊”品牌在国内、国际的影响力和吸引力。**天津市**职业学校在20个国家建成21个“鲁班工坊”，其中泰国“鲁班工坊”作为全球首个海外“鲁班工坊”，开创了中国职教标准、中国职教装备、中国职教方案“走出去”的新模式，项目建设得到中泰双方政府的高度肯定，在国际社会产生了巨大的影响力。**江苏省**整合职业教育优质资源，稳步实施职业教育“郑和计划”，推动有条件的职业学校与企业携手“走出去”，助力“一带一路”沿线国家人才培养。**上海市**高等职业学校发挥上海国际化大都市的区位优势和平台优势，立足优势专业，对接国际标准，参与教育部中外人文交流中心“人文交流经世项目”，高质量建设“鲁班学堂”“毕昇工坊”，输出中国职业教育品牌。

图 24　接受天津城市建设管理职业技术学院培训的塔吉克斯坦教师在鲁班工坊传授铜管钎焊技能

案例 36：打造中国职教特色品牌，培养本土化技术技能人才

天津轻工职业技术学院为埃及“鲁班工坊”提供系列订制式专业虚拟仿真软件，同步建设当地校内实训基地，开发丰富的数字化教学资源，推动“鲁班工坊”数字化转型，探索构建“鲁班工坊”中高职贯通教育培养体系，埃及“鲁班工坊”（开罗高级维修技术学校）“3+2”项目纳入埃及国民教育体系。

湖南工业职业技术学院与巴基斯坦 Infinity 工程学院、泰国龙婆坤技术学院、泰国程逸技术学院等学校共建“芙蓉工坊”，在新冠疫情期间创新开展“云端”学习培训，学校专业教师每周与泰国龙婆坤技术学院、泰国程逸技术学院的44名学员相约“云端”，开展新能源汽车、汽车电气设备等专业知识教学培训。

南京铁道职业技术学院与哈萨克斯坦物流与交通大学进行战略合作，建设中国首家在哈萨克斯坦的“郑和学院”。中哈两校共同开展跨境电子商务、运输管理等专业建设，开展教师培训、人才培养、员工培训、技术合作，为跨境电子商务和物流运输企业海外拓展提供教育和技术服务。

山东理工职业学院依托中国海外职业技术学院建设工作委员会，牵头47所职业学校在9个国家建立15所中国海外职业技术学院，推动国际中文教育与职业教育高质量融合发展，与教育部中外语言交流合作中心在泰国、刚果（金）共建全球首批“中文工坊”2个，在海外建立“孔子六艺学堂”5所。

4.2 留学中国

留学生招生工作稳步推进。职业学校积极应对复杂国际形势和新冠疫情的影响，采取拓展留学生招生专业、优化留学生招生网站、拓宽宣传推介渠道等方式，增强留学生招生的精准性和有效性，持续打造“留学中国”品牌，稳步推进留学生招生工作。2022年，全国高等职业学校接收境外留学生专业1 043个，接收境外留学生人数13 119人，江苏、重庆、山东、四川、广西、河南、河北、浙江、广东9个省份接收留学生人数均超过500人，其中江苏、重庆、山东、四川4个省份接收留学生人数均超过1 000人，江苏3 143人、重庆1 654人。全国“双高计划”建设学校接收境外留学生专业612个，占全国专业总数58.68%；接收境外留学生7 580人，占全国总数57.78%，成为年度开设境外留学生专业和接收境外留学生的主要高等职业学校[1]。全国中等职业学校接收境外留学生265人[2]，主

[1] 数据来源：全国高等职业学校人才培养工作状态数据采集与管理平台

[2] 数据来源：全国中等职业学校管理信息系统

要分布在重庆、山东、浙江、河北、北京等地。受新冠疫情影响，近三年全国高等职业学校招收的留学生人数呈明显下降趋势。数据显示，2022年比2021年减少9.84%，2021年比2020年减少17.24%[1]。**江苏省**积极应对疫情影响，制定《江苏高校外国留学生招生网站建设指引》，推动高校有针对性地进行招生推介，进一步优化留学生层次结构，提升留学生学历生比例，做强“留学江苏”品牌，稳住了留学生教育基本盘。**山东省**高等职业学校共设置82个接收留学生专业，涉及智慧健康养老服务与管理、护理、计算机网络技术等专业，其中“双高计划”建设学校共有67个专业招收留学生，占比81.70%，重点面向“一带一路”沿线国家、《区域全面经济伙伴关系协定》（RCEP）成员国家等，生源国别与地区布局不断优化。**安徽省**高等职业学校以创新教育教学体系为突破口，促进留学生群体规模稳步提升，2022年接收境外留学生人数达336人，较2021年增长79.68%。

“中文+职业技能”培养模式持续拓展深化。职业学校积极探索职业技能培养与中文教育有机结合、专业教育与语言教育融合发展的留学生培养路径，选配优秀师资开展教学，丰富培养项目和课程资源，切实提升留学生职业技能和综合素养。**北京市**高等职业学校积极响应国家号召，从教学资源、基地建设、中文培训、职业技能等多角度全力推进“中文+职业教育”项目建设。**上海市**建设“中文+职业技能”推广基地、人才培养基地、产业服务基地，推广“观光汉语”系列“语言+文化+专业”三位一体项目。**福建省**探索推进“中文+职业技能”的留学生人才培养模式，通过“中文+专业+文化”形式，坚持专业教育与人文教育并重，充分融入中国文化，培养“汉语通”海外技术技能复合型人才，开展中文教师培养、“中国寻根之旅”“海外优秀人才华夏行”等各类人文交流。**广东省**通过构建“中文+职业技能”教学体系、编写双语教材、创新多元化教学模式等举措，提升留学生的培养质量，定制培养本地化技术技能

[1] 数据来源：全国高等职业学校人才培养工作状态数据采集与管理平台

人才。

图 25　南京工业职业技术大学教师指导南非留学生操作智能制造生产线

案例 37：立足特色资源优势，丰富“中文 + 职业技能”培养模式

三亚中瑞酒店管理职业学院探索“汉语 + 文化 + 职业技能”留学生人才培养模式，丰富留学生课程内容，增加实践课程内容比例，改变单一讲授模式，将中国文化融入课程体系，提升课程体验感，培养懂汉语、通文化、精技能的留学生，服务“一带一路”沿线国家与地区，做中国文化传播的使者。

江西应用技术职业学院响应教育部中外语言交流合作中心“汉语桥”线上团组交流项目，开展“探索中国文化，开启中文 + 神秘地质寻宝之旅”线上冬令营，来自越南、俄罗斯、尼日利亚、埃及等国的150 余名海外学员相聚“云端”，共同体验集语言、文化和专业技能为一体的“中文 + 地质技能”高品质主题课程。

天津铁道职业技术学院构建以本土化人才培养培训为中心，人才培养与产业需求精准对接、中国标准与国际标准有效对接，基础中文、专业中文、“专业中文＋职业技能”层层递进，满足留学生、留学生所在国、“走出去”企业等不同主体需求的“123+N”特色“中文＋职业技能”留学生培养新模式，培养“知华友华爱华”的新时代留学生。

留学生教育管理的区域特征凸显。职业学校坚持“全周期管理”理念，将来华留学生纳入学校学生教育管理体系。为增强留学生对中国文化的认同感，针对留学生特点，通过加强管理保障制度建设、开设特色专业课程、实施体验式教学、开展特色“第二课堂”活动等，规范留学生教育管理。**河北省**制定《关于加强全省来华留学工作的意见》《河北省省属公办高校外国留学生奖学金实施细则》等文件，激发学校对外开放的内生动力和规矩意识，优化来华留学生奖学金管理办法，提高资助标准，加强勤工助学管理，改善学习和生活条件。**四川省**高等职业学校出台国际交流“十四五”专项规划，将留学生工作纳入相关部门和二级学院年度绩效考

图 26　盐城工业职业技术学院留学生参观盐城市建湖县“淮剧小镇”

核体系，实施留学生线上教学管理规定、班级建设实施细则等规章制度。**湖北省**高等职业学校为留学生量身定制人才培养方案，丰富留学生线上教学资源，加强对留学生人文关怀，了解留学生的学习生活情况和思想动态，及时解决留学生困难，做好线上学习帮助、心理疏导等服务，鼓励留学生在新冠疫情期间加强学习，做中国文化的传播者。**山东省**高等职业学校建立并完善来华留学生教育质量保障机制，以“语言＋技能＋素养”为核心优化学生课程设置，尝试“求同存异”和“适度趋同”的教育管理方式，为留学生搭建汉语强化、技能养成、文化育人、实践拓展平台，提高留学生人才培养与“一带一路”沿线国家建设的适切性，强化留学生培养质量与特色。

案例 38：因地因校创新方式，提升留学生教育水平

南京金陵中等专业学校举办“月明金陵 水韵玄武”金陵学堂中秋文化游园活动，来自印度尼西亚、乌兹别克斯坦、尼泊尔、哈萨克斯坦、柬埔寨、缅甸等 10 多个国家的 40 余名留学生沉浸式体验中秋典故，欣赏中国古典民乐，体验中国传统游戏，感悟中秋文化，提升了对中华优秀传统文化的认同感。

柳州城市职业学院实行“一统双轨三趋同四融合”的留学生趋同化管理模式，即采取统一管理、“专职辅导员＋专业导师”双轨运行、“教学管理＋学生管理＋服务机制”三趋同、“健全管理制度＋文化认同教育＋差异化管理＋重情感教育”四融合等举措，优化留学生管理。

长沙民政职业技术学院开发留学生文化素养培养课程资源。开发四门“感知中国”系列课程，建设感知当代中国、感知传统文化、感知红色文化、感知湖湘文化 4 大板块、12 个主题、100 多个微课视频教学资源。“‘职’通美丽‘湘’村”课程获教育部中外语言合作交流中心“汉语桥”线上团组交流项目立项。

辽宁省交通高等专科学校开设“来华留学生综合素质培养第二课

堂”，推出“感知中国”系列活动和中国传统节日特色活动，让留学生掌握一些中国传统文化特色技艺，使留学生近距离了解中国国情、社会、经济、文化、民生，增进他们知华、友华、爱华的情感。

宁波职业技术学院将语言、专业知识、专业技能、文化体验和实践活动等“第一课堂”课程和“第二课堂”活动有机结合，实施线上“语言＋文化”教学模式，丰富线下“竞赛＋实践”体验活动，组织留学生参加第一届“丝路华语”世界大学生国际汉语比赛、留学生中国传统文化展示比赛，以赛促学，提高教育教学水平。

4.3 交流互鉴

推动全球职业教育交流合作实现新发展。“数字赋能、转型升级”“绿色技能、持续发展”“命运与共、合作共赢”“普职协调、终身学习”“技能减贫、促进公平”“产教融合、创新发展”“科学教育、工程教育”等议题是当前我国乃至全球关心的热点。面对世界百年未有之大变局和新冠疫情全球大流行交织叠加的严峻形势，我国发起并成功举办首届世界职业技术教育发展大会，同期成功举办首届世界职业院校技能大赛、世界职业教育产教融合线上博览会，发布筹建世界职业技术教育发展联盟、创设国际职业教育大奖的倡议，构建了“会、盟、赛、展”的职业教育国际交流合作崭新平台和范式，积极回应国际社会对于热点焦点的关切，促进我国与世界各国职业教育在交流互鉴中共同发展。我国政府发布《中国职业教育发展白皮书》，向全世界介绍中国职业教育发展经验，为推动全球职业教育高质量发展，促进全球共同发展提出了中国方案，贡献了中国智慧。首届世界职业院校技能大赛规模空前，吸引来自亚洲、非洲、欧洲、南美洲、北美洲五大洲 107 个国家和地区的 293 所院校、988 名选手参赛，中外选手“手拉手”组队、“线上赛场线下赛点”同台竞技，33 个国家和地区的 179 所院校获奖，其中孟加拉国、乌干达、刚果（金）、南非、俄罗斯、印度尼西亚、埃及、中国 8 个国家的 37 所院校获得金奖 69 项，我国

28 所院校获得金奖 51 项。世界级大赛搭建了中外职业院校师生增进友谊、切磋技能、展示风采的国际平台。

图 27　天津交通职业学院学生参加首届世界职业院校技能大赛汽车技术赛项

职业教育国际标准共建共享取得新进展。职业学校根据人才培养需要，在积极引入国际行业、职业先进标准和优质教育资源的同时，充分依托自身办学特色和专业优势，与境内外高校、企业共同开发具有国际水平、国际影响的中国职业教育专业标准、课程标准和技术标准，持续输出、共建共享，“中国标准”“中国方案”影响力不断增强。2022 年，全国高等职业学校开发并被境外采用的课程标准 4 148 个[1]，其中全国“双高计划”建设学校开发并被境外采用的课程标准 2 467 个，占比 59.47%。中非职业教育联盟组织实施的第一批“坦桑尼亚国家职业标准开发项目”正式启动实施，第二批标准开发项目共设立涵盖建筑、制造、养殖、能源、矿产、旅游、化工等多个行业的 93 个职业标准，全国 129 所高等职业学校

[1] 数据来源：全国高等职业学校人才培养工作状态数据采集与管理平台

入选。该项目针对坦桑尼亚国家重点行业职业技能岗位，优选中国优质职业标准，经本土化修订后，按照坦桑尼亚相关流程注册认证，与配套专业教学标准一并纳入坦桑尼亚国家职业教育体系，指导坦桑尼亚职业学校开展人才培养工作。**广西壮族自治区**高等职业学校依托自身办学特色优势，开发并被境外采用的课程标准达 221 个，较上一年增长 22.5%，其中被东盟国家采用的课程标准占比 85%。

案例 39：输出国际标准，贡献中国方案

上海信息技术学校参与“坦桑尼亚国家职业标准开发项目”，独立完成食品技术员六级职业标准及专业标准制定，参与完成食品技术员四级、五级职业标准及专业教学标准，通过坦桑尼亚国家职业教育委员会审核。

广东轻工职业技术学院依托广东省“一带一路”职业教育联盟，聚合广东优质职业教育资源，研制的《化妆品原料对酪氨酸酶活性抑制试验方法（体外法）》行业标准被日本、瑞典等国家的海外协会、企业采用；“微生物检测技术”“应用材料”等 12 门课程标准被马来西亚、乌干达等国家的同行采用。

江苏建筑职业技术学院发挥建筑类专业优质资源优势，依托入选教育部“未来非洲—中非职业教育合作特色项目”首批试点院校项目，为喀麦隆文理学院定制开发《测量员职业技能等级证书标准》等 7 个技能证书标准，委托开发“建筑室内设计技术员（NTA6）”等 5 项坦桑尼亚国家职业标准，助力非洲国家技能人才培养。

黑龙江农业经济职业学院参与“非洲国家职业标准建设项目”冈比亚国家职业标准开发，开发“物流管理技术员（NTA6）”等 4 个技能标准，输出“作物生产与经营管理”等 4 个专业标准、“甜品达人攻略——烘焙食品文化与加工技术”等 20 个课程标准。

区域性职业教育国际化联盟发展呈现新态势。职业学校充分发挥联

盟效应，聚合国内外优质职业教育资源，多领域多渠道开展国际交流与合作，组建国际化联盟，举办国际化论坛，开展多元合作，提升职业学校国际化水平和实力。世界职业技术教育发展联盟、中非（南）职业教育合作联盟、丝绸之路亚欧院校（职教）联盟、“一带一路”职教联盟、中国—中东欧国家职业院校产教联盟、中国—东盟交通职业教育联盟、中泰职业教育联盟、中国—老挝职业教育发展共同体、陆海新通道职业教育国际合作联盟、澜湄职业教育联盟、金砖国家职业教育联盟、浙江—西澳职业教育联盟等一批各具区域特征的国际化联盟成立并运行，为我国职业学校拓展与世界职业教育同行的交流与合作搭建了越来越宽广的平台。世界职业技术教育发展联盟针对全球高校、企业、行业组织征集成员单位，首批入选成员为来自中国、埃及、爱尔兰、澳大利亚、德国、法国等 32 个国家的 93 所高校，全球 28 家企业和 12 个行业组织。**江苏省**与英国、加拿大、美国、德国等国家建立若干中外校群合作联盟，推进联盟“一体化”融合机制建设，打造“专业化”学术平台，推出“品牌化”项目活动。**广东省**依托华南“一带一路”轨道交通产教融合联盟、华南“一带一路”职业教育水利电力联盟等平台，举办 2022 中国—东盟教育交流周水利电力技能国际大赛、广州—乌兹别克斯坦职业教育国际创新合作交流会等活动，推动职业教育国际合作与交流全面发展。**黑龙江省**加强与“中蒙俄经济走廊”和东北亚区域国家职业教育的双向互动和交流合作，10 所高等职业学校依托东北三省一区“一带一路”职业教育联盟，在数字经济、生物经济、冰雪经济、创意设计等产业领域联合开展高水平中外合作办学项目。

案例 40：成立国际职教联盟，拓宽国际合作与交流空间

上海商业会计学校组建“丝路商科”人才联盟，覆盖五大洲 22 个国家 87 所学校，发挥“行业协会 + 国际组织”作用，通过中国跨境电商行业协会对接“老字号”上海企业，借助联合国开发计划署等

国际组织对接“一带一路”共建国家和地区的职业院校，14 559人获得丝路商科技能证书。

北京财贸职业学院牵头成立职业教育新商科国际联盟，通过建设行业资历框架，开发商科专业标准，开展专业教师培训，建设质量保障体系，服务职业教育商科学校和商科专业的高质量内涵式发展和国际化水平提升，建立新时代职业教育商科专业品牌，培养国际化商科专业技术技能人才。

浙江纺织服装职业技术学院牵头成立中国—中东欧国家职业院校产教联盟，构建“课堂＋基地＋公司”人才培养模式，重塑“平台＋模块＋拓展”课程体系，搭建“两中心、两基地、两联盟”产教融合平台，输送跨境电商人才700余人，培训跨境电商企业员工3 000余人，吸引拉脱维亚、保加利亚等中东欧国家青年师生112人到校驻点学习跨境电商。

宜宾职业技术学院与**重庆城市管理职业学院**联合川渝及湄公河区域国家职业院校、企业等80余家成员单位，共同发起成立“成渝地区双城经济圈—澜湄区域职业教育合作联盟”，开展骨干师资跨境培训60人次，设立跨境办学基地20余个，发布课题15项，加强与湄公河区域国家职业教育的交流合作和资源共享。

注重学生国际化素养培养。职业学校通过开设双语课程及相关特色课程，开展风土人情和习俗礼仪教育，定期举办线上或线下研习论坛，组织学生参加国际性竞赛、进行海外实习实训等多种渠道和方式，拓宽学生国际视野，助力学生国际化素养提升。**北京市**中等职业学校重视学生国际意识培养，通过公共基础英语、专业英语、小语种选修课程帮助学生了解外国文化，引导学生参与国际赛事，在参观、体验、实践中提升国际化素养，感悟文化差异。**黑龙江省**中等职业学校在人才培养课程体系中增加国外区域经济政治、风土人情、习俗礼仪、俄语、日语、韩语等课程，拓展传统文化教育，使学生尊重各国文化，了解国外风俗习惯。**湖北省**高等职业学校坚持“在地国际化”发展理念，引入国际先进教学标准和课程、教材等优质教学资源，通过定期“云”游国外大学、外籍教师线上授课、外籍专家线上讲座等形式，提升学生国际化视野和跨文化交际能力。**重庆市**高等职业学校着力引进国外先进职业教育理念和教育资源，以参加国际性比赛、国际性论坛、境外留学为途径，着力提升学生国际化素养。**江西省**高等职业学校搭建高层次学生国际化素养提升平台，以海外实习实训、国际竞赛、学术讲座等路径为抓手，实现国际化素养的持续提升。**上海市**高等职业学校联手打造“大学生国际视野培养课程”，以语言和文化为切入点，提升学生对异国文化的理解力和鉴赏力。

图 28　常州市高级职业技术学校与加拿大 TAC 三佳国际教育集团开展“云端午”交流活动

案例 41：创新国际交流载体，提升学生国际化素养

黑龙江省林业卫生学校与美国犹他州韦伯大学、澳大利亚昆士兰

职业技术学院建立友好学院，定期举办文化交流节，培养国际化优秀人才。涉外护理专业毕业生赴澳大利亚留学深造200余人，赴美国留学深造40余人，赴韩国留学深造30余人；赴德国就业16人，赴沙特就业80余人。

湖南外国语职业学院（中职部）组建小语种特色专业群，创新“外语＋技能”人才培养模式，培养人文素养与职业素养兼备、语言技能与专业技能兼通、学历证书与技能等级证书兼有的“三双”技术技能人才。小语种专业毕业生就业率达98.6%，其中70%的毕业生直接服务“湘企出海、湘品出境”战略。

广西交通职业技术学院通过开展“云上游学”、举办“中国—东盟青年技能说”活动等方式，与白俄罗斯、波兰、匈牙利、印尼、泰国等国家师生进行学习和交流，组织中外学生开展联谊，拓宽学生国际视野，培养学生国际化意识，不断提升学生国际化素养。

上海科学技术职业学院依托“中德先进职业教育项目”和“法国施耐德电气绿色低碳产教融合项目”平台，引入德国和法国先进职业教育理念，探索构建“专业＋语言＋国别”国际化应用人才培养模式，从“精专业”“懂外语”“融文化”三方面界定国际化专业人才培养内涵，为全国高等职业学校提升学生专业国际化素养提供参考借鉴。

5 产教融合

产教融合是职业教育基本办学模式，是教育链、产业链、供应链、人才链与价值链有机衔接的重要举措。2022 年，职业学校跳出职教看职教，立足产业办职教，着力推动办学机制由单一模式转向多元互动，产教资源由分工合作转向互融互通，育人模式由同质化培育转向个性化培养，“双师”评价由学校单方自评转向校企双向认定，助力改革重心由“教育”转向“产教”，人才培养供给侧与产业需求侧匹配度进一步提高。

5.1 机制共筑

混合所有制释放校企合作活力。混合所有制改革是深化产教融合的重要抓手。职业教育通过体制改革推动机制创新，有效破解产教利益不平衡、供需两侧不适应难题。2022 年，职业学校深化与行业领军企业、专精特新企业合作，共建混合所有制学校、教学工厂、二级学院、专业、生产性实训基地，形成“公办高校、混合体制、民营机制”“产权股份化、运行企业化”等办学模式，建立起多方参与、科学决策、民主管理、运行高效的混合所有制办学机制，助力形成多元办学格局。截至 2022 年，高等职业学校共建设混合所有制办学项目 581 个，其中，山东省项目数量最多，达到 168 个（见图 29）[1]。社会资本出资参与建设项目 327 个，占总项目数量的 56.28%，出资额占比达到 55.18%[2]，社会力量参与办学的积极性显著提升。**江西省** 15 个部门联合印发《关于推进职业院校混合所有制办学的指导意见（试行）》，明确混合所有制办学形式、收益分配方式、办学类型、设立要求和管理办法，调动企业等社会力量参与举办职业教育的积极性。**辽宁省**明确混合所有制办学机构和办学项目，在确保国有资产保值、增值的前提下，推动校企两个主体在资本（资产）、师资等方面融合发展，实现校企资源优势互补，合作共赢。**浙江省**台州市出台全国首个地

---

[1][2] 数据来源：全国高等职业学校人才培养工作状态数据采集与管理平台

级市《关于推进职业院校混合所有制办学的实施意见》，探索“政府 + 企业”“企业 + 二级学院”“企业 + 学校”等模式，形成混合所有制办学“台州样本”，2022 年培育试点项目 32 个。

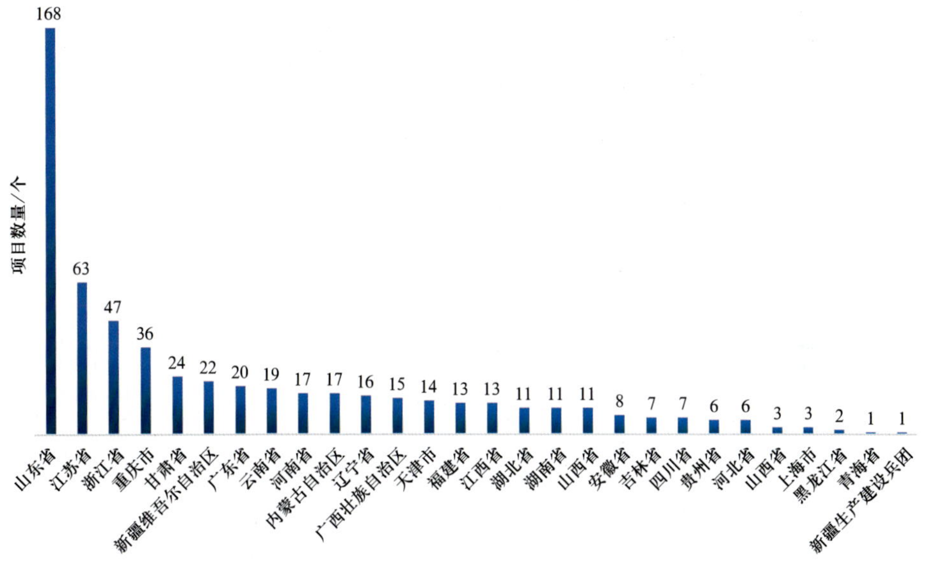

图 29　各地高等职业学校建设混合所有制办学项目数量

案例 42：丰富办学主体，多种形式推进混合所有制办学

宁波市鄞州职业高级中学依托宁波市汽车万亿级产业集群，建设混合所有制教学工厂，成立生产管理中心、维修技术研究中心、专业教育研究中心和信息化技术研究中心，企业管经营，学校管教学、科研和培训，先后培训省内外汽修专业学生 1 440 名、专业教师 902 名。

威海职业学院以“产权股份化、治理法人化、运作企业化”的形式与威海升安海运公司成立具有法人资质的海大学院，以资产管理公司为产权管理人，对接企业标准，开展船员教育培训，在全国 100 余所航运类院校适任证书通过率中，三副通过率居全国第二。

台州职业技术学院将办学资源市场化，共同创办混合所有制笛威金桥汽车工程学院，采用资产独立、资源共享的方式运行，开展教学培训、技术服务等活动，创新形成“学院育人、公司服务”的合作办学运行机制，激发了企业参与办学的积极性，学院办学规模扩大了3倍。

产教融合试点项目形成以点带面效应。职业学校积极参与产教融合试点城市、产教融合型企业培育建设，依托试点项目，与政府、行业、企业联动，共建科技园区、实训基地、众创空间、创新平台、中试基地，推进人才培养模式改革、“双师型”教师培养、科技成果转化，有效促进职业教育与产业的人才、智力、技术、资本、设施、管理等资源融合，在带动企业上项目、抓技改、谋创新上发挥重要作用。截至2022年，国家发展改革委、教育部共认定21个国家产教融合试点城市，培育4 600多家产教融合型企业；工业和信息化部人才交流中心确定第一批产教融合型专业试点304个，涵盖高等职业学校149所、中等职业学校30所、技工学校7所。福建省推动职业学校与产教融合型企业合作开展“二元制”技术技能人才培养，共同制定实施人才培养方案、开发课程教材等，形成校企协同培养技术技能人才长效机制。广东省引导职业学校对接产教融合型企业实际需求，打造世界级应用技术研发中心，开展协同攻关，瞄准“卡脖子”应用技术，形成具有重大引领作用的研发成果，建设培育两批共1 223家产教融合型企业。

产教融合制度促进教育与产业协同发展。以国家、省、市产教融合政策为引领，职业学校出台、修订学校制度，明确校企合作的产权、收益分配、模式等内容，以“引企驻校”“校企一体”等方式深化校企合作，努力解决产教融而不合、合而不深的难题，促进教育链与产业链的融合贯通。辽宁省中等职业学校出台《辽宁省特殊教育师范学校校企合作项目培养实施方案》等制度，指导学校主动与企业在人才培养、技术创新、就业创业等方面开展合作。海南省高等职业学校加强制度建设，出台《海南经贸职业技术学院校企合作管理办法》等制度20余项，结合办学定位和专业优势开展各具特色的产教融合模式，形成产教协同育人格局。

5.2 资源共建

企业生产要素丰富学校办学资源。职业学校发挥办学优势，吸引企业以资本、技术、管理、师资等要素参与办学，形成学校置办为主，企业捐赠为辅的资源建设格局，以丰富办学资源数量、提高办学资源质量。2022年，接受企业捐赠校内实践教学设备值超过100万元的职业学校达到600所[1]。教育部与中国银行签署《助力职业教育高质量发展战略合作协议》，“十四五”期间中国银行将授信2 000亿元在推进资源共享等9个方面加大融资支持力度，与职业教育开展深度合作。**湖南省**中等职业学校吸引社会资金7.28亿元，引入以色列政府贷款7 500万美元、亚洲开发银行贷款4 930万美元，开展办学条件达标工程建设。**河北省**高等职业学校合作企业总数达7 944家，企业捐赠设备值近3亿元，技术服务合同年收入超亿元，企业参与育人积极性进一步增强。

合作平台推动资源互融互通。职业学校加强与政府、行业、企业、科研院所合作，组建全国行业职业教育教学指导委员会，共同推进职教集团（联盟）实体化运作，以校中院、企中院、园中院等方式，共同成立企业主导型、联盟合作型、科校合作型产业学院，协同进行人才共培共育、平台共建共享、生产共营共管，促进校企之间信息互通和资源互融。2022年，全国共组建工业互联网等行业职业教育教学指导委员会57个，教育类职业院校教学（教育）指导委员会5个。**浙江省**大力推行职业教育集团化办学，联合国内外职业学校、行业、企业、科研院所和其他社会组织等各方面力量组建217个职教集团，与9 600余家企业结成紧密合作关系。**吉林省**对接“中东西”三大板块建设，整合学校资源和企业的品牌饭店、景区等，推动成立鸭绿江、长白山等旅游职业教育集团，服务吉林省东部生态旅游产业发展。**宁夏回族自治区**指导职业学校与企业联合建设智能制造等

[1] 数据来源：中国职业教育质量年度报告数据采集平台

27 个现代产业学院，为学生实习实训、企业员工职业技能培训等搭建平台，实现校企“双赢”。

图 30 烟台职业学院与企业合作共建机器人产业学院，共同培养军地两用紧缺人才

案例 43：校企共建产业学院，打造产教融合发展新样板

赤峰信息职业技术学校与政府和企业共建“数字创意产业学院”，政府投入资金 5 000 万元，出台企业“拎包入驻”和在校内建立实体公司等优惠政策。产业学院已完成商业项目 276 个，创造产值 2 900 万元，平均每年为企业培养人才 500 余人。

江苏信息职业技术学院紧密对接无锡市集成电路发展战略，由政府主导，联合 20 余家行业内的龙头企业和学校，共同组建无锡集成电路产业学院，形成“多主体协同、产业链贯通、跨专业融合”的人才培养模式，为合作企业输送人才 1 500 多人。

云南农业职业技术学院在云南农林产教融合示范园区校企共建云安产业学院，建成产教融合研究中心、乡村振兴职业技能培训基地等“四中心、三基地”，构建校区、园区、社区综合育人服务体系。实训、教学生活园区占地面积373亩，进驻学生2 000余名。

浙江广厦建设职业技术大学与慧科集团共建软件工程学院，共同制订育人方案，共同出资建设“广厦大学＆慧科集团协同育人创新中心”，实施“认知（感知）、模拟（仿真）、生产（项目）、创新（创业）”四层递进实践体系，完成3届软件工程专业现代学徒制培养。

产教融合基地补齐实习实训短板。职业学校聚焦现代农业、先进制造业、战略性新兴产业，与政府、企业协同建成一批产教融合实训基地、生产性实训基地、虚拟仿真实训基地，开展实习实训、员工培训、产品中试、工艺改进、技术研发，解决实训条件不足、实训项目与生产脱节、实训场景难再现等问题，服务学生掌握适应市场需求的“一技之长”。**贵州省**通过“兴黔富民行动计划”项目先后立项建设100个高水平产教融合实训基地，探索出“产业园区＋标准厂房＋职业教育”的办学模式和“厂校合一、人员同训、设备共享”的深度合作模式。**辽宁省**依托虚拟现实、多媒体、人机交互、数据库和网络通信等技术，积极推进9个国家级、25个省级虚拟仿真实训基地项目建设，服务学生实践教学和实习实训、企业员工在线培训及中小学生科普学习。

案例44：校企共建共享，打造高水平专业化产教融合实训基地

腾冲市第一职业高级中学通过政府招商引资，与万福珠宝有限公司等共同建成腾冲翡翠加工产教融合基地等3大基地，形成融“腾职大数据中心”等为一体的产教融合区，每年提供实训服务400人次，创造收益600万元。

新疆师范高等专科学校与阿里巴巴集团合作，企业投资 1 200 余万元，搭建“企业在校内、课堂在企业”的生产性实训基地，将阿里巴巴集团核心电商、智慧物流、金融科技、阿里创业者计划引入教学，成为集产、服、教、学、研、创为一体的高校综合性创新服务中心。

浙江旅游职业学院联合企业共同投资 1 905 万元建设现代旅游虚拟仿真实训基地，系统打造虚拟景区等 7 个“云旅游”模块，开发未来导游、未来景区、未来酒店、未来厨房等数字化实训项目，在校生、社会人员参加虚拟仿真实训累计达 21.4 万学时。

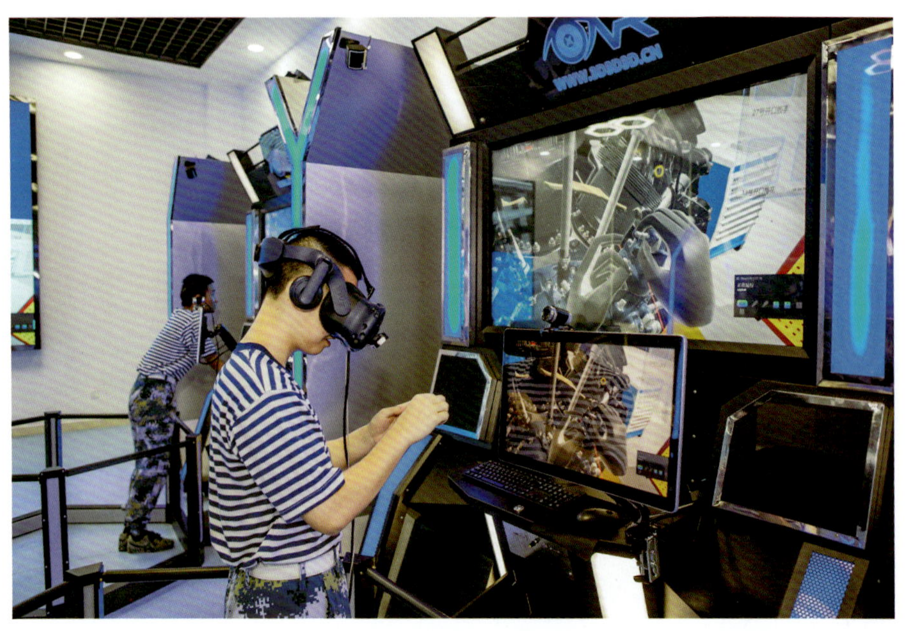

图 31　长沙航空职业技术学院学生在飞行器维修技术虚拟仿真实训中心进行交互式活塞发动机虚拟仿真拆装

规划教材引领优质资源共建共享。职业学校紧跟产业升级和技术变革趋势，引入行业新标准，以真实生产项目、典型工作任务为载体，与企业“双元”开发规划教材，共建活页式、工作手册式、融媒体式新形态教材，配套开发数字化资源，同步解决企业缺少培训资源的难题，形成优质资源共建共享的良性机制，推动产业转型、技术变革与教学改革同频共振。**辽**

宁省推动校企“双元”开发优秀教材，组织开展省、校两级优秀教材评选活动，遴选省级校企合作优秀教材 74 部、职业教育“十四五”规划教材 299 部。**浙江省**推动高等职业学校与行业企业、教科研机构多方合作开发教材，累计编写校企合作教材 1 940 部，其中活页式、工作手册式、融媒体式等新形态教材 923 部。

案例 45：校企协同发力，双元开发教材资源

广州市旅游商务职业学校与广州酒家等旅游餐饮行业头部企业共同选定典型工作任务，将行业服务标准转化为教材内容，联合开发《餐饮成本核算》等 24 部教材，每年使用相关教材开展企业职工培训 2 100 人次以上。

湖北轻工职业技术学院与华润雪花等业内标杆企业组成教材开发委员会，通过技研先行、跨界合作、跨境合作，每 3 年为一周期动态更新教学资源，共同开发标准化实训工作手册 10 部、活页式校本教材 10 部、“互联网 + 职业教育”新形态立体化校本教材 5 部。

天津交通职业学院与企业共建教材编写团队 22 支，引进云教材发布与管理系统，为教师提供云教材等新形态教材开发和管理工具，助力纸质教材的数字化改造和自助式开发数字教材，校企合作开发教材 10 部，其中，新形态教材 3 部。

5.3 人才共育

用好市场“指挥棒”，专业布局与经济社会发展同步联动。职业学校主动服务地方经济社会发展，对接产业人才供需数据平台，推进专业升级和数字化改造，将专业与产业发展契合度等指标纳入专业建设质量评价体系，发布专业布局与需求分析报告，逐步建立起“稳、增、调、退”的专业动态调整机制，形成面向市场、紧密对接区域产业发展需求的专业布局。2022 年，高等职业学校专业布点数量对应一、二、三产业比例分别为

6.24%、40.84%、52.92%[1]，与国家产业结构比例基本契合；面向“一老一小”民生紧缺领域新增专业布点 328 个[2]。**天津市**高等职业学校紧密对接产业需求动态优化专业布局，644 个专业布点全部对接天津市 12 条产业链和 12 项服务业领域，逐步形成同市场需求相适应、同产业结构相匹配的专业结构。**贵州省**着力抓好民生紧缺领域专业建设，2022 年“一老一小”相关专业布点数 124 个，招生人数达 32 296 人，打造“贵州康养”“云上贵州”“智慧黔城”等职业教育特色品牌。**安徽省**持续发布《专业布局和需求分析报告》，引导高等职业学校对接新兴产业调整专业布局，2022 年新增专业 31 个、专业点 119 个，相关专业在校生增加 4 万余人，面向市场、有利就业、紧密对接区域产业发展需求的专业布局更加优化。

案例 46：建立动态调整机制，专业设置与产业发展紧密对接

淮安生物工程高等职业学校新增“农产品加工与质量检测”“农村电子商务”等 2 个涉农专业，五年制高职涉农专业数达到 9 个，服务一产的专业结构进一步优化，与区域产业发展的吻合度显著提升。

东莞职业技术学院对接东莞市现代产业体系发展需求，建立专业动态调整机制，开设 30 余个契合粤港澳大湾区先进制造业中心定位的专业，形成聚焦新一代信息技术、有力支撑二产的“1+7+N”专业布局，专业与产业契合度达 95% 以上。

江苏经贸职业技术学院顺应数字经济发展需求，加速专业动态调整，完成财务管理、会计、养老服务与管理等 8 个对接三产专业的数字化升级和智慧化改造，有力支撑传统产业转型升级需求。

淮南职业技术学院围绕区域支柱产业、优势产业和社会发展人才紧缺行业，利用大数据、云计算等信息技术，建立专业人才需求预测

[1][2] 数据来源：全国高等职业学校人才培养工作状态数据采集与管理平台

与评估模型，对接产业链形成专业链，停招专业 4 个、新增“物联网应用技术”等专业 9 个。

盯紧产业“风向标”，专业集群与产业链发展互嵌共生。职业学校主动对接区域主导产业、支柱产业和战略性新兴产业，适应产业链、岗位链、技术链组建专业群，跟踪产业发展重构课程体系、共建教学资源、打造实践教学基地、推进专业群人才培养模式创新，以高水平专业群建设引领带动其他专业群协同发展，显著提升服务产业集群发展的能力和水平。截至 2022 年，高等职业学校适应当地产业结构调整需要，建设 253 个国家级高水平专业群，吸引行业企业投资 17.76 亿元[1]，建设 2 267 个省级高水平专业群，带动社会其他投资 339.70 亿元，与行业企业形成发展合力。**青海省**印发《中等职业教育优秀学校和优质专业建设实施方案》，指导中等职业学校开展优质专业（群）建设，2022 年确定 12 个中等职业教育优质专业（群）。**山东省**服务产业数字化和数字产业化建设 286 个省级高水平专业群，每个专业群投入建设经费 2000 万 ~ 3000 万元，推动专业课程体系构建和人才培养模式创新。

案例 47：做优做强专业群，人才培养与产业发展全链条融合

上海市现代职业技术学校对接“数字长宁”“大虹桥商务区”发展，打造现代旅游服务、现代商贸服务、现代信息服务、现代交通服务四个专业群，通过定期走访企业，及时调整优化专业群课程体系，开发符合行业需求的新课程、新内容，形成学校办学优势和特色。

金华职业技术学院装备制造专业群依托智能化精密制造产教园，创新“即产即学、即研即教”的生产性“园区课程”教学形态，赋能智能制造工匠型人才培养，学生全国性技能大赛获奖 44 项，第一发明

[1] 数据来源：教育部、财政部 2022 年“双高计划”绩效数据分析报告

人获授权专利 373 项，毕业生获全国技术能手、省青年工匠 20 余人。

徐州工业职业技术学院依托高分子材料工程技术国家“双高计划”高水平专业群，与企业共筑产科教生态系统，推动机制、项目、文化三维协同，共同打造国家级成果 15 项，完成企业员工培训 3 000 人，开展技术攻关项目 40 余项，连续 3 年获得省科技进步奖。

泉州职业技术大学坚持“办好一个专业（群），带动区域一个产业”的理念，围绕当地数字、海洋、绿色、文旅“四大经济”建设 8 个专业群，与华为、安踏等知名企业开展深度合作，依托专业群建设产业学院、工作室，为区域经济社会发展培养了一批高层次技术技能人才。

图 32　许昌科技学校新能源汽车运用与维修专业学生在实践基地学习汽车构造知识

企业搭建“立交桥”，中高本一体化培养体系初步建立。职业学校以产业需求为导向，与企业开展深度合作，强化中高本培养目标有效衔接，校企统筹设计一体化课程体系和教学资源，制定中高本学段学分认定标准，推动教学组织上下联动、学习评价前后贯通，初步建立起技术技能人才贯通培养体系。**河北省**联合 29 家中等职业学校、16 家高等职业学校、29 家企业共同制定中职（2 年）+ 企业（2 年）+ 高职（2 年）联合培养制度。**贵州省**实施一所高等职业学校带一所中等职业学校、围绕一个主导产业、组建一个服务团队的“1+1+1+1”行动计划，推进 40 所高等职业学校与 110 所中等职业学校开展贯通培养。**吉林省**职业学校制定中高职贯通培养实施意见，推广一体化建设标准，建立全过程的校企监管和评价机制，实施淘汰机制，实现质量控制和科学选拔有效结合。

案例 48：校企构筑贯通培养体系，探索实施一体化育人

深圳市第一职业技术学校联合市内 1 所高水平高等职业学校、7 所中等职业学校和多家企业成立“东部职教集团”，紧扣专业对接、课程衔接、师资共建、贯通培养等 8 项任务，推动“组团式”发展，形成中高职一体化培养的“深圳模式”。

唐山工业职业技术学院与玉田县职业技术教育中心、唐山开元电器集团合作，在机械制造及自动化专业实施“2+2+2”贯通培养模式，三方共同制定招生招工计划、培养计划等，校际、校企设计“中职打基础 + 企业练技能 + 高职增能力”分段模式，协同培育技术技能人才。

无锡职业技术学院依托职教联盟，推动专业建设、课程衔接等“九个同步”，优化联盟内各层次职业教育培养方案有效衔接，探索实践“5+0”“3+2”“3+1+2”“3+1+3”等中高本一体化人才培养模式改革，构建互相衔接、层次优化、开放多元的现代职业教育体系。

打造校企“直通车”，技术技能人才供给更加精准。职业学校联合行业、企业、普通高校、研究院所等，共同成立中国特色学徒制教学指导委员会，联合制订培养方案、教学标准、课程标准、岗位技术标准，完善导师选拔培养、考核激励制度，健全学分制、弹性学制和教学评价机制，学徒制培养覆盖面不断扩大，增强了人才培养与产业需求的适应性。**湖南省**

建立具有“湖湘工匠”特色的学徒制模式，2022 年全省高等职业学校实施中国特色学徒制专业数达 419 个、在校生人数 54 857 人，较 2021 年分别增长 10.96% 和 24.27%。**云南省**探索行动导向、项目式、情景式学徒制人才培养模式改革，在 76 所职业学校、368 个专业开展省级现代学徒制试点，培养学徒约 2 万人。

案例 49：企业发挥主体作用，增强人才培养适应性

四川省档案学校与企业共同构建三元管理机制、三化课程体系、三段育人过程、二元对接评价机制、四种身份转换的“33324”现代学徒制人才培养模式，将学习“主战场”放在企业，培养出一批传统工艺根雕技术技能人才，为芦山县根雕文化产业提供人才支撑。

平顶山工业职业技术学院整合产业学院、技能大师工作室、工程技术中心等平台，完善“专业与岗位双向衔接、教师与师傅双向对接、学生与徒弟双向共育、成果与应用双向共享”的工作机制，每年为当地尼龙新材料产业输送学徒超 600 人，用人单位满意度达到 97.78%。

浙江工贸职业技术学院依托软件工匠工坊等产教合作平台，与企业共同组建导师团队，实施项目化教学，形成“岗位分流、精准育人”的中国特色学徒制培养模式，对接浙江数字经济“一号工程”，输出高水平软件技术人才 3 000 余人，毕业生薪资水平居全省前列。

访企拓岗开启“快车道”，校企合作促就业取得新成效。面对 2022 届高校毕业生规模首次突破千万的就业压力，全国高等职业学校落实就业“一把手”工程，积极开展书记校长访企拓岗专项行动，构建书记校长带头抓、就业部门统筹抓、二级院系逐个抓、专业教师一起抓的协同就业工作机制，通过线上线下相结合的方式，主动对接地方经济发展需求，精准发掘岗位资源和目标企业，累计为毕业生拓展岗位 6.88 万个，走访企业接

图 33　天津轻工职业技术学院企业师傅在精密模具协同创新中心指导学生高速精密加工

收高等职业学校实习生 61.45 万人，接收毕业生就业 35.63 万人[1]，实现人才供需有效对接。**山东省**坚持“走出去”“请进来”相结合、线上线下双线并行，与“国家 24 365 大学生就业服务平台”深度对接，累计组织直播带岗 1 909 场次，提供就业岗位 61 万多个。**福建省**高等职业学校通过书记校长访企拓岗，开展“靶向”施策等一系列专项行动，挖掘岗位资源，推动用人、育才精准匹配，打造“互联网 + 就业指导”公益直播课，提升学生求职能力。**河南省**搭建“政校企”合作平台，开展人才供需对接活动，签订定向人才培养、产学研交流等合作协议，确保“签约合作一批、输送实习一批、落实岗位一批”，有效推动了人才培养与就业有机联动。

5.4　双师共培

畅通校企双向流通渠道，专兼融合的队伍结构更加完善。职业学校加强校企协同，外引内培齐发力，一方面选派教师到企业挂职锻炼，以组建

[1]　数据来源：2022 年书记校长访企拓岗专项工作报告

技术攻关团队、立项横向课题等形式参与企业产品研发、技术创新、攻克技术难题，另一方面设立产业导师特聘岗，通过柔性引进、全职引进、长短期聘用等方式，吸引企业高技能人才和能工巧匠到职业学校兼职任教、参与项目、指导实践等，校企双向流动、互相兼职的常态化运行机制更加完善。2022 年，职业学校专任教师到行业、企业一线工作 1454.18 万天，人均 21.76 天。高等职业学校聘请来自行业企业导师 23.19 万人，比 2021 年增长 3.47% [1]。**江西省**职业学校采用教师企业实践流动站顶岗、参与研发项目、兼职任职等方式，开展教师企业跟岗实践，进行每年不少于 4 周的分段跟岗实践，2022 年教师下企业锻炼人数同比增长 115.08%。**广东省**以周转编制的方式自主聘任兼职教师，鼓励职业学校设立产业教师（导师）等流动岗位，自主聘请兼职教师、确定兼职报酬，2022 年评选省级高层次技能型兼职教师 796 名。**甘肃省**建立并完善“固定岗 + 流动岗”的教师资源配置机制，鼓励职业学校建立“流动岗”师资库，通过非编聘用、兼职聘用、柔性引才等方式引进行业企业能工巧匠，教师队伍结构进一步优化。

图 34　湖南商务职业技术学院湘茶大师进校带徒传技

[1] 数据来源：全国高等职业学校人才培养工作状态数据采集与管理平台

案例 50：“走出去，引进来”双向流通，打造高水平“双师”队伍

北京市大兴区第一职业学校组织专业教师每年分五批次、每次 1 ~ 2 周入驻企业实践，全程参与企业项目研发，学习仪器设备操作，观摩产品研发流程，研究实验细节，教师实践教学能力和指导学生解决实践问题能力明显提升，专业课教师“双师型”比例达到 100%。

青海柴达木职业技术学院加强对专业教师在企业实践锻炼的监督、管理、检查、协调，每年评选优秀实践锻炼教师并给予奖励，2022 年安排 30 多名“双师型”教师深入企业，传学送教、实习锻炼，教师专业技术素质得到明显提升。

江苏农牧科技职业学院实施校企兼职兼薪一体化管理模式，引入企业工程师、科研人员共建教学团队，依托学校产教融合平台，聚焦畜牧业“卡脖子”技术难题，加快应用基础研究和技术集成创新，立项省部级以上科研项目 34 项，获江苏省科技进步奖 4 项。

共建培养培训机制，提升“双师”能力素养。职业学校聚焦专业核心领域，联合行业企业共建“双师型”教师培训基地、教师企业实践基地、技能大师工作室等平台，引入企业场地、设备、技术、人员等资源，开展“双师型”教师培训，教师的教育教学能力、科研创新能力和技术服务能力显著提升，成为培养“大国工匠”的重要力量。2022 年，职业学校联合企业共建国家级“双师型”教师培训基地 107 个、国家级教师企业实践基地 100 个，建设省级以上名师工作室 848 个、技能大师工作室 996 个，培育高水平教学创新团队 2 691 个、黄大年式教学团队 30 个、黄炎培杰出教师 103 名。**江苏省**持续推进中等职业学校“苏教名家”培养工程，共开展国家级、省级培训 153 项，全省中等职业学校教师“双师”素质能力明显提升。**新疆维吾尔自治区**支持职业学校和大中型企业共建“双师型”教师培养培训基地，建设自治区技术技能大师库，校企共建高水平、结构化教师创新团队，2 名教师被评为国家“万人计划”教学名师。**陕西省**全面落

实“五年一周期”的教师全员培训制度，创新线上线下混合研修、结对学习、跟岗研修、访学研修等培训形式，促进教师师德养成、知识更新和能力提升。

案例 51：创新培养培训举措，提升教师队伍“双师”能力

苏州建设交通高等职业技术学校以“教师工作站 + 企业工作站”为载体，校企合作建设“双师”成长平台，联合开展“双师”培养，形成教学、技能、科研、创新人才高地，“双师型”教师在专任专业教师中占比 88.6%，建立省级名师工作室 3 个、校级技能大师工作室 5 个。

乐山职业技术学院依托国家级“双师型”教师培养培训基地和校企共建的教师发展中心，以校企合作项目为利益纽带，探索校企按需发布岗位、“双师”自愿申报、校企双向选择的“定岗轮岗 + 积分制”教师培养新路径，全面提升“双师型”教师队伍素质。

成都航空职业技术学院整合行业企业资源，校企共建高水平技术技能创新基地、技术研发验证中心、应用技术工程实验室等教师团队干事创业平台，名师名匠领衔打造高素质专业化“双师型”教师团队，航空装备智能制造专业群教师团队获批“全国高校黄大年式教师团队”。

河北工业职业技术大学与大型企业合作共建国家级“双师型”教师培养培训基地，聘请全国劳动模范、行业技术能手、河北省突出贡献技师、河北省工匠人才等作为兼职教师，手把手帮助青年教师提升综合实践能力。

增加企业维度，完善“双师”评价标准。职业学校深化新时代“双师型”教师评价改革，以国家级、省级“双师型”教师认定标准为指导，将企业实践成效、从业经历、职业资格证书等企业评价维度融入“双师型”教师认定、职称评审、绩效考核，对校内教师和企业兼职教师进行分层分类认定。2022 年，高等职业学校“双师型”教师占专任教师比例达

到 59.94%，较 2021 年和 2020 年分别提升 1.03 和 1.33 个百分点[1]。**海南省**出台《教师企业实践管理办法》，将企业挂职经历、为企业开展技术服务等“双师能力”作为专业教师职务聘任、岗位晋升的重要条件。**内蒙古自治区**明确教育评价改革任务分工和工作安排清单、具体举措清单、负面清单，指导职业学校吸纳行业企业参与“双师”评价，加大区域内行业企业的评价权重。**浙江省**建立“双师型”教师认定机制，以认定促建设，推进“双师型”教师培养、培训、聘用和考核，全省高等职业学校“双师型”教师占专业课教师比例达 78.50%。

案例 52：探索多元多维度评价，强化“双师”教师实践能力考核

北京市延庆区第一职业学校从讲师、技师、指导师、培训师等不同维度，科研型、“双师”型、教练型等不同类型特点中剖析教师必备能力要素，融入学校、企业、社会、学生对教师能力的多元需求，建立教师评价标准，促进“双师”队伍整体水平提高。

酒泉职业技术学院构建“系统化课程 + 专项培训 + 项目实践 + 多元评估”的教师能力提升体系，从学校、行业、企业、学生等多个层面对教师的能力素质进行评估，全方位改进、提升教师综合能力素质。

兰州资源环境职业技术大学制订包括思想政治、师德师风等 8 项基本条件，职业技能等级证书、企业一线锻炼、技术研发与服务等 7 项专业实践条件的“双师型”教师认定与考核管理办法，形成了阶段性认定与年度量化考核相结合的“双师型”教师评价体系。

5.5 产教融合卓越校

报告首次研制发布高等职业教育产教融合指数，聚焦机制创新、要素融合和成果成效，设置产教融合体制机制与平台建设、专业建设、课程建

[1] 数据来源：全国高等职业院校人才培养工作状态数据采集与管理平台

设、实训基地建设、“双师”队伍建设、服务人才培养成效、服务企业成效7个一级指标，涵盖混合所有制办学经费、校企合作开发教材比例、企业提供的校内实践教学设备值、“双师”素质专任教师比例、应届毕业生在校企合作单位就业比例等27个二级指标，以“全国高等职业院校人才培养状态数据采集与管理平台”和“中国职业教育质量年度报告数据采集平台”相关数据为基础，遴选出东部地区、中部和东北地区、西部地区各50所产教融合卓越高等职业学校，重点评价产教融合的广度、深度和效度，系统监测和呈现产教融合质量。

表3A 产教融合卓越高等职业学校（东部地区）

学校名称	学校名称
滨州职业学院	金华职业技术学院
常州工程职业技术学院	黎明职业大学
常州工业职业技术学院	南京工业职业技术大学
常州机电职业技术学院	南京交通职业技术学院
常州信息职业技术学院	宁波城市职业技术学院
广东机电职业技术学院	宁波职业技术学院
广东松山职业技术学院	青岛港湾职业技术学院
广州城建职业学院	山东理工职业学院
广州铁路职业技术学院	山东商业职业技术学院
河北交通职业技术学院	山东畜牧兽医职业学院
河北科技工程职业技术大学	深圳信息职业技术学院
河北旅游职业学院	深圳职业技术大学
河北软件职业技术学院	苏州工业园区服务外包职业学院
嘉兴南洋职业技术学院	台州科技职业学院
嘉兴职业技术学院	唐山工业职业技术学院
江苏工程职业技术学院	天津铁道职业技术学院
江苏农林职业技术学院	潍坊职业学院
江苏农牧科技职业学院	温州职业技术学院

续表

学校名称	学校名称
无锡工艺职业技术学院	浙江国际海运职业技术学院
无锡职业技术学院	浙江机电职业技术学院
徐州工业职业技术学院	浙江建设职业技术学院
烟台职业学院	浙江金融职业学院
扬州工业职业技术学院	浙江经济职业技术学院
义乌工商职业技术学院	浙江旅游职业学院
浙江纺织服装职业技术学院	淄博职业学院

表 3B　产教融合卓越高等职业学校（中部和东北地区）

学校名称	学校名称
长春汽车工业高等专科学校	湖南高速铁路职业技术学院
长江工程职业技术学院	湖南工业职业技术学院
长沙航空职业技术学院	湖南工艺美术职业学院
郴州职业技术学院	湖南交通职业技术学院
哈尔滨铁道职业技术学院	湖南汽车工程职业学院
哈尔滨职业技术学院	湖南三一工业职业技术学院
河南工业职业技术学院	湖南生物机电职业技术学院
河南交通职业技术学院	湖南水利水电职业技术学院
河南职业技术学院	湖南铁道职业技术学院
黑龙江建筑职业技术学院	湖南铁路科技职业技术学院
黑龙江农业经济职业学院	湖南邮电职业技术学院
湖北交通职业技术学院	黄冈职业技术学院
湖北生物科技职业学院	黄河水利职业技术学院
湖南城建职业技术学院	吉林铁道职业技术学院

续表

学校名称	学校名称
江西环境工程职业学院	辽宁石化职业技术学院
江西机电职业技术学院	漯河食品职业学院
江西交通职业技术学院	山西机电职业技术学院
江西旅游商贸职业学院	芜湖职业技术学院
江西现代职业技术学院	武汉电力职业技术学院
江西应用技术职业学院	武汉交通职业学院
九江职业技术学院	武汉铁路职业技术学院
辽宁城市建设职业技术学院	湘西民族职业技术学院
辽宁机电职业技术学院	襄阳汽车职业技术学院
辽宁农业职业技术学院	襄阳职业技术学院
辽宁省交通高等专科学校	郑州铁路职业技术学院

表 3C　产教融合卓越高等职业学校（西部地区）

学校名称	学校名称
包头职业技术学院	重庆工商职业学院
宝鸡职业技术学院	重庆工业职业技术学院
成都纺织高等专科学校	重庆航天职业技术学院
成都工业职业技术学院	重庆建筑工程职业学院
成都航空职业技术学院	重庆能源职业学院
成都职业技术学院	重庆三峡医药高等专科学校
重庆城市职业学院	重庆商务职业学院
重庆电力高等专科学校	重庆医药高等专科学校
重庆电子工程职业学院	重庆艺术工程职业学院
重庆工程职业技术学院	广西电力职业技术学院

续表

学校名称	学校名称
广西交通职业技术学院	四川工程职业技术学院
广西生态工程职业技术学院	四川工商职业技术学院
广西水利电力职业技术学院	四川护理职业学院
贵州电子信息职业技术学院	四川建筑职业技术学院
酒泉职业技术学院	四川交通职业技术学院
兰州资源环境职业技术大学	四川信息职业技术学院
柳州铁道职业技术学院	四川邮电职业技术学院
南充职业技术学院	铜仁职业技术学院
内蒙古化工职业学院	西安航空职业技术学院
宁夏工商职业技术学院	锡林郭勒职业学院
黔东南民族职业技术学院	新疆农业职业技术学院
黔南民族职业技术学院	新疆石河子职业技术学院
青海交通职业技术学院	杨凌职业技术学院
陕西交通职业技术学院	宜宾职业技术学院
陕西铁路工程职业技术学院	云南交通职业技术学院

6 发展保障

发展保障是职业教育提高质量、提升形象的重要基础。2022年，在各级党委和政府高度重视下，职业教育发展保障得到有效落实。党建引领作用在职业学校充分发挥，职业教育经费投入持续增加，办学条件达标工程全面启动实施，质量保证体系建设深入推进，系列政策部署落实落地，党建、经费、条件、质量、政策等多维度保障体系同向发力，职业教育高质量发展基础进一步夯实。

6.1 党建引领

学习宣传贯彻党的二十大精神，坚持用习近平新时代中国特色社会主义思想凝心铸魂。职业学校把学习宣传贯彻党的二十大精神作为首要政治任务，积极部署、自觉落实，通过开展丰富多彩、喜闻乐见的系列学习宣讲活动，推动党的二十大精神在职业学校落地生根，为职业学校改革创新发展奠定重要思想保障。**福建省**组建学习贯彻党的二十大精神“百人宣讲团”，深入职业学校一线宣讲宣传，举办“习近平与福建教育故事”主题活动、“追寻习近平总书记的足迹”社会实践活动，引导广大青年学生听党话、跟党走。**山西省**锚定党建引领提升行动，运用学生喜闻乐见、形式多样的方式开展党的创新理论宣讲等活动1 680余场，参与学生39万余人，让习近平新时代中国特色社会主义思想深入人心。**上海市**开展“职教生心中的二十大”活动，组织职业学校书记校长讲专题思政课，组织职业学校师生收看“同上一堂思政大课”，累计举办主题党日、主题团日等各类活动410余次，参与人数近20万人次，切实将党的二十大精神融入立德树人全过程。

案例53：创新多样形式，学习宣传贯彻党的二十大精神

黄石市艺术学校协助当地社区举办“喜迎二十大 永远跟党走”音乐会，通过高雅艺术进社区，强化红色基因传承，在社区营造“老

少同声颂党恩，携手喜迎二十大”的积极氛围，展现职校学子昂扬向上、奋发有为的精神风貌。

河南经贸职业学院喜迎党的二十大，在全省率先揭牌建设伟大建党精神教育实践基地，以展板、视频、雕塑、蜡像等形式，展现中国共产党人追寻精神之源的宏伟历程，阐释伟大建党精神的深刻内涵，教育学生感党恩、听党话、跟党走，为党和人民不懈奋斗。

河北机电职业技术学院组织40名专兼职思政课教师组成党的二十大精神宣讲团，零距离、全方位深入系部、班级、宿舍，以专题讲座、座谈、讨论等“小现场、小切口、微宣讲”的方式，让党的二十大精神宣讲在校园全覆盖。

坚持和完善党委领导下的校长负责制，把准正确办学方向。职业学校坚持把党的领导落实到办学治校的方方面面，充分发挥党总揽全局、协调各方的领导核心作用，使党始终成为事业发展的最可靠主心骨，党的领导制度体系逐步健全，党委领导下的校长负责制得到有效落实，为职业学校坚持社会主义办学方向、引导师生员工坚持正确的政治方向、促进事业高质量发展提供了重要保证。2022年1月，中共中央办公厅印发《关于建立中小学校党组织领导的校长负责制的意见（试行）》，为中等职业学校全面建立健全党组织领导的校长负责制提供了行动纲领。各地贯彻落实党中央决策部署，推动各中等职业学校逐步建立健全党组织领导的校长负责制，指导各高等职业学校持续完善党委领导下的校长负责制。**河北省**印发中小学校党组织会议和校长办公会议（校务会议）议事规则示范文本，指导中等职业学校修订相关议事规则，确保党组织领导的校长负责制在中等职业学校落地落实。**江苏省**指导地级市出台《贯彻落实中小学校党组织领导的校长负责制重点任务清单》，针对不同类型、不同规模的学校，在做好思想准备、组织准备、工作准备的前提下，成熟一个调整一个，推动党组织领导的校长负责制在中等职业学校落到实处。**甘肃省**落实高等职业学校党委会议事决策制度、党委领导下的校长负责制执行情况报告制度，实施高等职业学校院系党组织能力提升工程，指导高等职业学校修订完善院系党组织会议和党政联席会议议事规则，加强党对职业教育工作的全面领导。**黑龙江省**将加强党的领导作为高等职业学校增值性评价第一指标，要求学校党委履行领导职责，不断提高党政团结领导学校发展的能力和水平。

案例 54：贯彻落实党的全面领导，不断提升治理水平

诸城市福田汽车职业中等专业学校以党组织为核心，成立学校理事会组织架构，发挥校党委会决策和管理职能，不断优化治理结构，完善党委领导下的校长负责制，实现多元共治，促进常态化民主管理。

北京劳动保障职业学院坚守“为党育人、为国育才”使命要求，以立德树人为根本任务，落实党委领导下的校长负责制，完善领导体制建设，健全“党委领导、校长负责、教授治学、民主管理、社会参与”的治理结构，推动学校治理水平整体提升。

河北石油职业技术大学党委认真履行管党治党、办学治校的主体责任，严格执行和维护政治纪律和政治规矩，把握学校发展方向，决定学校重大问题，监督重大决议执行，支持校长依法独立负责地行使职权，切实发挥党的领导核心作用。

强化基层党建工作，有效发挥党建促发展作用。职业学校持续强化基层党组织的领导核心作用，将党的建设与业务发展相融合，做到以党建促发展，党的组织保障力和示范引领作用凸显，基层党建品牌建设质量显著增强，有力保障和促进了职业学校业务发展。2022 年，河北工业职业技术大学党委通过全国党建工作示范高校建设验收；高等职业学校的 10 个二级党总支、217 个基层党支部通过全国党建工作标杆院系、样板支部建设验收。深圳职业技术大学党委、陕西工业职业技术学院党委立项全国党建工作示范高校培育创建单位；高等职业学校的 15 个二级党总支、265 个基层党支部立项国家级标杆院系和样板支部培育创建单位。197 所国家“双高计划”建设单位围绕加强党的建设，确立绩效建设指标 244 个，年度完

成率达 98.03%，为“双高计划”各项任务建设起到重要引领作用[1]。**湖南省**在 6 所中等职业学校基层党组织立项开展省级基层党建工作示范点建设，扎实推进支部设置标准化、组织生活正常化、管理服务精细化、工作制度体系化、阵地建设规范化等建设，发挥中等职业学校基层党组织在事业发展中的战斗堡垒作用。**江苏省**指导中等职业学校加强“学习型、服务型、创新型”基层党组织建设，引导中等职业学校用好党建考核“指挥棒”，通过精准化研判指标、项目化推进落实、动态化跟踪问效，激发基层党组织战斗堡垒的“源动力”，为学校发展提供坚强保障。**山东省**创新高等职业学校党建引领育人工作新机制，充分利用党员专任教师、思政课教师、辅导员、党务工作者和学生党员五支力量，开展课程思政、专业思政、劳模精神、工匠精神、党的政策理论和党史等内容的教育与宣讲。**广东省**出台实施《广东省公办高校与民办高校党建工作“组团式”帮扶工作方案》，组织党建成效显著的公办高等职业学校示范带动民办高等职业学校发展。

案例 55：坚持党建引领，促进事业高质量发展

天津市第一轻工业学校将党的建设与人才培养、专业发展、队伍建设深度融合，创新开展“一支部一品牌”创建活动和“强根铸魂”行动，形成 7 个党建品牌。积极探索党建工作新方法，开展“三亮、三争、三评议”，实现党建与教育教学“双融合、双促进”，为建设内涵强、品牌亮、服务优、活力足的优质中等职业学校提供保障。

重庆商务职业学院发挥党员先锋模范作用，深耕农村助力乡村振兴。依托“公益扶贫党员志愿服务工作室”，结合学校专业优势和科研优势，建成乡村振兴服务点 6 个，在乡村治理、产业发展、惠农服务等方面实施多项“公益振兴”计划。

广西农业职业技术大学组织各基层党组织持续到结对共建帮扶村

[1] 数据来源：教育部、财政部 2022 年“双高计划”绩效数据分析报告

开展“我为乡村振兴办实事活动”，年度累计办理实事103件；组建由党员专家、青年教师和学生党员组成的“三农”服务队，分赴广西各个县、乡、村开展实践服务活动，成为党员发挥先锋模范作用、助力乡村振兴的典型。

图35　常州纺织服装职业技术学院社会实践团成员进行党建引领主题墙创作

6.2　经费保障

中等职业教育经费投入总体保持稳定。2022年，各地积极推动中等职业教育改革发展，强化发展经费保障，中等职业教育各类经费总投入3 238亿元，比上年增长9.1%[1]。全国中等职业教育生均一般公共预算为16 622元，比上年减少2.77%。其中，22个省份较上一年度有所增长，9个省份较上一年度有所下降（见表4）。东部地区山东省、浙江省、福建省

[1]　数据来源：教育部2022年全国教育经费执行情况统计快报

保持较好增长趋势，增幅分别达到 5.82%、5.39%、5.22%。中部地区整体保持增长趋势，其中河南省、安徽省增幅明显，分别达到 6.00%、5.16%。西部地区宁夏回族自治区、新疆维吾尔自治区、青海省增幅最为明显，分别达到 21.51%、12.47%、9.72%；陕西省也保持较好的增长趋势，增幅达 5.77%。东北地区吉林省增幅明显，达到 9.25%。下降较为明显的省份有海南省、内蒙古自治区、西藏自治区和云南省。

表 4　2021—2022 年各地中等职业教育生均一般公共预算教育经费情况[1]

（单位：元）

省份		2021 年	2022 年	省份		2021 年	2022 年
东部地区	北京市	72 116	71 797	中部地区	江西省	14 599	15 180
	天津市	25 076	25 619		河南省	9 087	9 632
	河北省	16 221	16 739		湖北省	15 803	15 877
	上海市	62 203	62 284		湖南省	14 836	15 576
	江苏省	21 103	20 315	西部地区	内蒙古自治区	23 563	22 192
	浙江省	27 749	29 245		广西壮族自治区	10 919	10 708
	福建省	18 592	19 562		重庆市	14 784	14 801
	山东省	18 925	20 027		四川省	13 661	13 839
	广东省	20 744	20 228		贵州省	8 790	8 579
	海南省	13 254	12 472		云南省	13 269	12 537
中部地区	山西省	16 989	17 786		西藏自治区	41 307	39 014
	安徽省	14 888	15 656		陕西省	14 118	14 933

[1] 数据来源：教育部财务司统计数据

续表

省份		2021 年	2022 年	省份		2021 年	2022 年
西部地区	甘肃省	18 217	18 441	东北地区	辽宁省	16 082	17 569
	青海省	18 585	20 391		吉林省	22 036	22 080
	宁夏回族自治区	15 366	18 671		黑龙江省	21 307	21 951
	新疆维吾尔自治区	17 672	19 876				

高等职业教育经费投入稳中有升。各地持续保持高等职业教育财政投入稳定增长，2022 年，全国高等职业教育各类经费总投入 3 392 亿元，比上年增长 10.5% [1]。全国高等职业教育生均一般公共预算为 16 167 元，比上年增长 0.8%。其中，17 个省份较上一年度有所增长，14 个省份较上一年度有所下降（见表 5）。东部地区上海市、浙江省增幅明显，分别增长 16.58%、7.27%；中部地区山西省增幅明显，达 10.42%；西部地区四川省、重庆市增幅明显，分别增长 10.32%、7.94%。东北地区吉林省较上一年度有较大增长，达 13.77%。下降较为明显的省份有海南省、青海省和西藏自治区。总的来看，各地高等职业教育财政性经费投入差异依然明显。

表 5　2021—2022 年各地高等职业教育生均一般公共预算教育经费情况 [2]

（单位：元）

省份		2021 年	2022 年	省份		2021 年	2022 年
东部地区	北京市	69 765	68 238	东部地区	江苏省	18 920	18 546
	天津市	15 415	15 838		浙江省	18 392	19 730
	河北省	14 593	15 169		福建省	15 070	15 514
	上海市	33 544	39 105		山东省	15 796	15 487

[1] 数据来源：教育部 2022 年全国教育经费执行情况统计快报

[2] 数据来源：教育部财务司统计数据

续表

地区	省份	2021 年	2022 年
东部地区	广东省	20 179	20 135
东部地区	海南省	23 519	18 860
中部地区	山西省	14 784	16 324
中部地区	安徽省	15 317	15 209
中部地区	江西省	13 759	13 906
中部地区	河南省	12 168	12 376
中部地区	湖北省	13 308	13 632
中部地区	湖南省	13 687	13 514
西部地区	内蒙古自治区	20 229	18 421
西部地区	广西壮族自治区	12 745	12 705
西部地区	重庆市	14 486	15 636
西部地区	四川省	16 230	17 905
西部地区	贵州省	16 539	17 283
西部地区	云南省	14 227	13 548
西部地区	西藏自治区	62 540	52 507
西部地区	陕西省	14 701	14 152
西部地区	甘肃省	15 662	16 437
西部地区	青海省	47 013	36 493
西部地区	宁夏回族自治区	22 112	22 117
西部地区	新疆维吾尔自治区	18 326	17 906
东北地区	辽宁省	13 443	13 732
东北地区	吉林省	14 736	16 765
东北地区	黑龙江省	15 239	15 346

6.3 条件保障

职业学校办学条件达标工程启动实施。2022 年 2 月，教育部发布年度工作要点，提出“实施中职、高职办学条件达标工程”。2022 年 11 月，教育部等五部门印发《职业学校办学条件达标工程实施方案》（以下简称《方案》），为推进职业学校办学条件达标明确了时间表、路线图。对照《方案》确立的中等职业学校 9 项重点监测指标、高等职业学校 5 项重点监测指标，2021—2022 学年，全国各地职业学校办学条件达标情况如表 6、表 7 所示（注：表 6 中的“学历教育在校生数”非重点监测指标）。

表 6　2021—2022 学年各地中等职业学校办学条件重点监测指标达标率[1]

（单位：%）

指标 / 省份	校园占地面积	生均用地面积	校舍建筑面积	生均校舍建筑面积	专任教师数	师生比	仪器设备总值	生均仪器设备值	生均图书	学历教育在校生数
	不低于 40 000 m²	不少于 33 m²	不少于 24 000 m²	不少于 20 m²	不低于 60 人	达到 1：20	不低于 300 万元	不低于 2 500 元	不少于 30 册	1 200 人以上
全国总体达标率	75.46	76.38	73.06	77.59	71.38	83.25	83.01	91.58	74.49	53.77
北京市	54.00	82.00	62.00	88.00	66.00	94.00	88.00	98.00	88.00	16.00
天津市	64.10	53.85	61.54	58.97	84.62	92.31	97.44	97.44	87.18	58.97
河北省	68.05	72.68	67.32	73.90	66.83	81.46	69.27	80.98	72.44	55.12
山西省	58.60	80.70	50.88	78.95	57.19	89.47	64.91	88.07	71.93	28.42
内蒙古自治区	68.57	86.43	51.43	81.43	57.14	91.43	70.71	92.86	65.71	32.14
辽宁省	64.41	78.83	63.06	81.98	62.16	90.54	75.68	91.44	70.27	30.63
吉林省	56.78	78.81	44.92	80.51	53.39	90.68	67.80	83.90	68.64	23.73
黑龙江省	55.70	84.18	44.94	81.65	50.00	87.97	69.62	92.41	63.92	19.62

[1] 数据来源：全国中等职业学校管理信息系统。表中数据为达标率，指标定义、计算方法、达标值依据教育部等五部门印发的《职业学校办学条件达标工程实施方案》中对“一般类中职学校”的达标要求。统计涉及系统中 2021—2022 学年有相关数据的 5 425 所中等职业学校

续表

指标 省份	校园占地面积	生均用地面积	校舍建筑面积	生均校舍建筑面积	专任教师数	师生比	仪器设备总值	生均仪器设备值	生均图书	学历教育在校生数
	不低于 40 000 m^2	不少于 33 m^2	不少于 24 000 m^2	不少于 20 m^2	不低于 60 人	达到 1：20	不低于 300 万元	不低于 2 500 元	不少于 30 册	1 200 人以上
上海市	63.24	70.59	82.35	88.24	85.29	95.59	97.06	100.00	97.06	57.35
江苏省	95.83	96.35	96.88	95.31	94.27	96.35	97.40	97.40	94.27	77.08
浙江省	84.16	79.19	87.33	83.26	88.24	93.67	95.93	98.19	92.31	73.76
安徽省	95.15	95.63	95.63	96.60	92.23	94.66	96.60	97.57	96.60	74.27
福建省	79.74	59.48	80.39	56.21	79.08	79.74	94.77	97.39	60.13	71.24
江西省	87.19	76.35	82.27	74.88	74.88	71.43	87.19	89.66	71.92	64.53
山东省	87.86	90.46	85.84	91.91	82.37	97.40	91.04	96.24	93.93	53.76
河南省	78.22	73.01	77.91	70.25	75.77	76.69	81.90	83.44	71.78	64.11
湖北省	75.38	69.35	76.88	74.37	69.85	77.39	80.40	87.44	65.33	58.79
湖南省	72.34	77.13	69.15	82.18	57.18	81.91	75.53	89.63	68.35	38.30
广东省	82.47	63.96	84.42	68.51	80.84	79.87	93.51	96.43	75.97	72.40
广西壮族自治区	69.85	57.79	66.83	63.32	61.81	46.23	85.93	90.45	81.91	59.80

续表

指标 省份	校园占地面积	生均用地面积	校舍建筑面积	生均校舍建筑面积	专任教师数	师生比	仪器设备总值	生均仪器设备值	生均图书	学历教育在校生数
	不低于 40 000 m^2	不少于 33 m^2	不少于 24 000 m^2	不少于 20 m^2	不低于 60 人	达到 1：20	不低于 300 万元	不低于 2 500 元	不少于 30 册	1 200 人以上
海南省	74.36	48.72	74.36	48.72	74.36	43.59	89.74	97.44	64.10	69.23
重庆市	94.32	82.95	95.45	87.50	86.36	88.64	94.32	100.00	88.64	79.55
四川省	74.52	58.92	73.89	64.33	73.89	74.20	85.35	90.13	60.19	68.15
贵州省	87.07	83.67	78.91	81.63	74.15	81.63	87.76	96.60	70.07	61.90
云南省	65.70	69.57	53.14	61.35	57.97	73.91	76.33	83.09	48.79	38.65
西藏自治区	66.67	66.67	83.33	91.67	91.67	91.67	91.67	100.00	50.00	25.00
陕西省	74.87	84.10	77.95	87.69	73.85	94.36	83.08	97.44	95.38	45.13
甘肃省	70.71	80.71	66.43	80.00	67.14	90.00	80.71	93.57	72.14	47.14
青海省	72.41	68.97	55.17	62.07	58.62	51.72	79.31	89.66	65.52	62.07
宁夏回族自治区	82.14	89.29	82.14	78.57	71.43	71.43	82.14	96.43	75.00	57.14
新疆维吾尔自治区	83.02	83.96	74.53	80.19	70.75	81.13	93.40	98.11	45.28	44.34
新疆生产建设兵团	72.73	86.36	77.27	86.36	63.64	95.45	95.45	95.45	59.09	50.00

中等职业学校办学条件逐步改善，指标达标情况呈现地区差异性。数据显示，全国层面，师生比、仪器设备总值、生均仪器设备值三项重点监测指标达标率均超过 80%，其中生均仪器设备值达标率达 91.58%；校园占地面积、生均用地面积、校舍建筑面积、生均校舍建筑面积、专任教师数、生均图书等六项重点监测指标达标率均在 70% ~ 80%，中等职业学校总体办学条件得到有效改善。从各地来看，江苏省、安徽省各项重点监测指标达标率均在 90% 以上，山东省、浙江省、重庆市各项重点监测指标达标率在 80% ~ 90%，总体达标情况较好。海南省生均用地面积、生均校舍建筑面积、师生比三项重点监测指标达标率均不到 50%。依据《中等职业学校设置标准》规定的“学校学历教育在校生数应在 1 200 人以上”标准，全国中等职业学校办学规模总体达标率不到 55%，江苏省、浙江省、福建省、广东省、安徽省、重庆市等省份达标率在 70% ~ 80%，各地中等职业学校资源整合优化工作还有待进一步加强。

表 7　2021—2022 学年各地高等职业学校办学条件重点监测指标达标率[1]

（单位：%）

指标 省份	生师比	具有研究生学位教师占专任教师的比例	生均教学行政用房面积	生均教学科研仪器设备值	生均图书
	不高于 18：1	不低于 15%	不少于 14 m^2	不低于 4 000 元 / 生	不少于 80 册 / 生
全国总体达标率	35.24	96.97	62.40	93.94	81.67
北京市	80.77	100.00	84.62	100.00	100.00
天津市	34.78	100.00	47.83	100.00	65.22
河北省	37.50	100.00	62.50	93.75	87.50

[1] 数据来源：全国高等职业学校人才培养工作状态数据采集与管理平台。表中数据为达标率，指标定义、计算方法、达标值依据教育部等五部门印发的《职业学校办学条件达标工程实施方案》中对“综合、师范、民族院校”的达标要求。统计涉及平台中 2021—2022 学年有相关数据的 1 484 所高等职业学校。

续表

指标 省份	生师比	具有研究生学位教师占专任教师的比例	生均教学行政用房面积	生均教学科研仪器设备值	生均图书
	不高于 18：1	不低于 15%	不少于 14 m²	不低于 4 000 元 / 生	不少于 80 册 / 生
山西省	18.00	98.00	30.00	82.00	62.00
内蒙古自治区	60.00	97.14	71.43	97.14	68.57
辽宁省	13.33	100.00	33.33	91.11	53.33
吉林省	36.67	96.67	43.33	83.33	83.33
黑龙江省	46.15	100.00	53.85	94.87	76.92
上海市	95.45	100.00	90.91	95.45	100.00
江苏省	38.89	98.89	86.67	97.78	96.67
浙江省	28.00	100.00	84.00	100.00	100.00
安徽省	35.62	100.00	65.75	91.78	82.19
福建省	16.00	98.00	66.00	92.00	90.00
江西省	40.32	96.77	64.52	93.55	82.26
山东省	40.48	100.00	69.05	95.24	90.48
河南省	53.00	99.00	65.00	96.00	90.00
湖北省	32.79	100.00	59.02	95.08	85.25
湖南省	25.33	100.00	56.00	96.00	81.33
广东省	24.47	98.94	54.26	95.74	82.98
广西壮族自治区	21.28	76.60	53.19	85.11	55.32
海南省	42.86	100.00	64.29	100.00	100.00

续表

指标 省份	生师比	具有研究生学位教师占专任教师的比例	生均教学行政用房面积	生均教学科研仪器设备值	生均图书
	不高于 18：1	不低于 15%	不少于 14 m^2	不低于 4 000 元 / 生	不少于 80 册 / 生
重庆市	28.89	97.78	53.33	86.67	86.67
四川省	30.49	91.46	60.98	96.34	89.02
贵州省	23.91	97.83	69.57	95.65	67.39
云南省	14.29	93.88	40.82	85.71	57.14
西藏自治区	66.67	100.00	100.00	66.67	100.00
陕西省	34.15	90.24	63.41	95.12	80.49
甘肃省	32.14	92.86	75.00	100.00	82.14
青海省	87.50	87.50	87.50	100.00	87.50
宁夏回族自治区	33.33	100.00	75.00	100.00	91.67
新疆维吾尔自治区	58.06	87.10	67.74	93.55	61.29
新疆生产建设兵团	20.00	60.00	80.00	100.00	40.00

高等职业学校办学条件总体有保障，教师及教学行政用房依然紧缺。数据显示，当前全国高等职业学校具有研究生学位教师占专任教师的比例、生均教学科研仪器设备值、生均图书等三项重点监测指标达标率已分别达到 96.97%、93.94%、81.67%，北京市、浙江省、海南省在这三项重点监测指标上已实现 100% 达标，高等职业学校教师学历层次、教学科研仪器设备投入、图书资源等已具备较好的条件基础。从教师人数和教学行政用房面积来看，各地高等职业学校办学资源短缺现象依然明显，其中生

师比全国达标率仅为35.24%，生均教学行政用房全国达标率为62.40%，还有待各级政府和各高等职业学校创新举措，通过强有力的政策支持与经费投入，推进高等职业学校加快优化条件保障。

地方扎实推进办学条件建设。各地政府积极响应，高度重视并推动职业学校办学条件建设，纷纷制订出台地方实施方案，通过专题研究部署、成立工作专班、加大资金投入、依托项目推动、强化考核激励等举措切实改善职业学校办学条件。**安徽省**聚焦中等职业学校办学条件改善，强力推进办学条件不达标整改工作，自2021年以来，全省中等职业学校新增校园面积78.5万 m^2，新增校舍建筑面积64.7万 m^2，新增仪器设备值2.97亿元，新增师资1 247人，促进全省中等职业学校整体面貌焕然一新。**新疆生产建设兵团**制订职业学校基本办学条件整改方案，一校一策，自2021年以来，新建或扩建校区12个，划拨校区2个，新增校舍面积107万 m^2，新增教师编制603个，引进教师945人，有效改善了职业学校基本办学条件，提高了人才培养承载能力。**广东省、福建省**多次召开省级会议研究部署达标工作，开展专题调研，摸清底数，并研制省级达标工程实施方案。**江苏省**按照“省级统筹、市级主责、学校主体”原则，成立省级达标工作专班，完善省－市－校三级组织机构，建立达标工作机制。**新疆维吾尔自治区、海南省**依据数据分析精准制订达标建设方案，加大资金支持力度，分别投入7.16亿元、3.93亿元用于支持职业学校办学条件达标建设。

案例56：主动作为，积极完善办学条件

东莞市汽车技术学校对标广东省高水平中等职业学校建设标准，以实现校舍建筑面积达标为目标，多方整合资源，成功完成校园一期改扩建项目千日攻坚工程，并正式投入使用；顺利立项二期2.5亿元的改扩建项目，校园总体建筑面积扩增97.93%，生均用地面积、校舍建筑面积等得到有效改善。

潍坊职业学院深入推进办学条件达标工程，利用潍坊市政府专项

债券资金12亿元，完成滨海校区二期工程建设并投入使用，建成体育馆、培训中心等建筑12栋，新增建筑面积24万m^2，总体办学条件显著改善。

广西城市职业大学整合优化资源配置，系统推进办学条件达标，在校内现有资源基础上，新增大学生创新创业孵化基地46 000m^2，为学生创新创业提供场地保障；在校区周边积极扩充新建筑用地超4 000m^2；增加投资约1亿元，新建约22 000m^2的教学用房及相关附属设施。

6.4 质量保障

职业教育标准体系进一步健全。2022年，教育部从学校、专业、师资等多角度进一步健全职业教育国家教学标准体系，为职业教育质量提升提供标准支撑。依据新版专业目录，研究制订新版《职业教育专业简介》，对职业教育专业标准体系进行系统升级和数字化改造，为职业学校修（制）订专业人才培养方案、优化培养目标、拓展能力要求、更新课程体系、落实实习实训要求等提供了重要标准参考。会同中国残联、中央编办、国家发改委、财政部、人社部、住建部等多部门，修订印发《残疾人中等职业学校设置标准》，促进完善特殊教育保障机制，为残疾人中等职业学校基础能力建设和规范化管理提供保障。制定发布《高职本科专业学士学位授予学科门类对应表》，为本科层次职业学校学位授予学科门类规范统一标准，明确了所归属的学科门类。制定发布《职业教育“双师型”教师基本标准（试行）》，明确初级、中级、高级“双师型”教师基本标准，并指导各地参照制定省级“双师型”教师认定标准、实施办法及支持举措。各地深入贯彻落实国家职业教育教学标准，结合地方实际，联合行业组织和龙头企业，积极开展地方标准研制工作。**湖北省**基于国家标准推进地方特色中等职业教育标准体系建设，启动电子技术应用和计算机应用2个专业、21门专业课程的省级标准研制工作，切实发挥标准在课程改革和质量提升中的基础性、引导性作用。**辽宁省**面向 101 个高等职业教育专科专业启动第二批高等职业教育星级专业评估工作，构建高等职业教育专业评估认证体系，探索专业评估认证的辽宁经验和辽宁模式。**黑龙江省**制定产教融合型企业、实训基地认证标准和产业学院建设标准，建设一批具有地方特色的专业、教学、课程、实习和实训条件标准体系，推动学校体系、标准体系、培养体系、育人机制和评价体系一体化。

案例 57：聚焦内涵质量，推进教学标准建设

武汉市交通学校承接全国机械职业教育汽车类中等职业学校“汽车电子技术应用”“汽车制造与检测”两个专业教学标准研制工作，推动汽车类中等职业学校将职业技能等级标准融入人才培养方案，将职业核心能力融入专业课程体系。

广西职业技术学院聚焦先进标准引进、标准本土化改造和标准特色化输出，首次向全国推出“物流管理现代学徒制”广西团体标准，解决不同物流企业学徒项目人才培养方案迥异的问题，引领物流专业人才培养规范化。

河北科技工程职业技术大学坚持课程内容与职业标准对接、教学过程与生产过程对接，及时将新技术、新工艺、新规范纳入课程标准和教学内容，牵头制定 6 个本科高职、1 个专科高职专业教学标准，参与制定 10 个本科高职、12 个专科高职和 2 个中职专业教学标准。

职业教育督导评估有力开展。2022 年，国务院教育督导委员会持续推动职业教育督导评估，各地加大力度完善职业教育督导评估办法，加强对地方政府履行职业教育职责督导，督促落实职业教育政策法规、规范职业学校办学行为、提升技术技能人才培养质量。**山东省**出台实施细则，完善教育督导职能和督学体系，对照职教高地“一地（校）一案”，组织开展职业教育专项督导，遴选首批 14 个职业教育改革成效明显的市、县（区），推动改革政策落地落实。**陕西省**落实三年一轮教育督导评估工程，

围绕增强适应性和推动高质量发展两大主题，突出职业教育特色，构建包括基础性指标、地方性指标和负面清单三部分，共计42个二级指标281个观测点的中等职业学校督导评价指标体系，促进职业教育政策落地落实落细。**浙江省**落实高等职业学校督导评估工作，完善“网上评估为主、实地核查为辅”相结合的工作机制，对10所学校进行实地督导评估，对8所学校进行“回头看”，充分发挥督导的监督、指导、评价作用。

教学诊断与改进制度在各地持续推进落实。自全国职业学校教学诊断与改进试点工作启动以来，各地结合实际确立省级、地市级试点单位，完善教学诊改工作机制，引导和促进职业学校不断完善内部质量保证体系建设，提升内部质量保证工作成效。2022年，中国教育科学研究院职业教育与继续教育研究所诊改专项课题组向全国28个省份征集职业学校教学诊改典型案例576份，编制发布《2022年职业学校教学诊断与改进典型案例集》，集中展示、宣传职业学校探索建立常态化、网络化、全覆盖的内部质量保证运行机制的典型做法。**江西省**围绕教学诊断与改进工作召开全省中职学校诊改数据平台集中采购工作会议、教学诊改工作推进会，完成27所A档中职学校、1所B档中职学校的教学诊改现场复核。**贵州省**强化诊改事前指导与事中事后监管，完成3所职业学校省级诊改现场复核，形成一批诊改理论成果和典型案例，有力推进学校内部治理水平提升和数字化、信息化建设。**广东省**成立职业学校内部质量保证体系诊断与改进工作指导委员会，对各中等职业学校诊改制度建设和实施，开展研究、咨询、指导和培训等相关工作，对4所省级重点中等职业学校诊改工作进行复核验收，对15所重点中等职业学校开展评估，为中等职业学校提质创优、提升形象提供保障。**青海省**以诊改工作为突破口，加快高等职业学校内部质量体系建设，投入专项资金，加快智慧校园建设，指导各高等职业学校打造校本数据中心，初步完成数据标准体系建设，实现数据质量化、标准化、目录化建设，充分发挥大数据在学校治理中的重要作用。

案例58：健全教学诊断与改进制度，赋能人才培养质量提升

衡阳市铁路运输职业学校落实教学管理责任制，强化教学管理团队建设，构建“5445”诊改体系，助力学校提质创优，形成“五维度、四层级、四阶段、五步骤”的教学管理模式，有力保障学生培养的各个环节，全面提升人才培养质量。

天津市第一商业学校强化自主性评价机制，构建110项重点工作诊改螺旋，植入质控点414个，对照岗位职责制定116个岗位的817项工作标准，形成了具有“精执于形、精质于教、精治于道”特色的学校内部质量保证体系。

武汉职业技术学院建立常态化教学诊改工作制度，打造校本质量标准体系，推动评价内容由课堂转向育人全过程、评价主体由校内转向校内外多元、评价形态由静态转向动静相结合、评价方式由结果式转向持续式，促进形成与新时代教育评价改革相适应、具有校本特色的教学诊改与评价机制。

质量年度报告制度不断完善。2022年，全国31个省（自治区、直辖市）和新疆生产建设兵团报送了省级质量年报，442个地级市报送了市级中等职业教育质量年报，5 437所中等职业学校、1 394所专科高等职业学校、31所本科高等职业学校报送了校级质量年报。通过从基本结构、基本要素、编制质量和报告特色4个维度对各级中等职业教育质量年报进行合规性检查，从基本要素、编制报送质量、蕴含特色3个维度对各级高等职业教育质量年报进行合规性评价，可以看出，地方各级教育行政部门和职业学校对质量年报的重视程度以及编写的规范性和质量水平等较往年有明显提升。上海市、山西省、江苏省、湖北省、广西壮族自治区等省份的省级中等职业教育质量年报合规性较好；广东省、江苏省、辽宁省、四川省、黑龙江省等省份辖区内地市级质量年报合规性检查平均得分靠前；山西省、重庆市、天津市、江西省、浙江省、青海省、辽宁省、内蒙古自治

区 8 个省市辖区内地市级质量年报质量较往年有明显提升；清远市、佛山市、天津市东丽区、天津市红桥区、连云港市、珠海市、中山市、鞍山市、苏州市、东莞市 10 个地市级质量年报合规性检查得分较为靠前。高等职业教育省级质量年报进一步规范，江苏省、湖南省、北京市、山东省、广东省等省级质量年报可读性强、数据分析充分、案例具有典型性。浙江省、湖南省、江苏省、辽宁省、广东省等省市辖区内高等职业学校校级质量年报合规性检查平均得分靠前。各地中等职业教育地市级质量年报和高等职业学校校级质量年报合规性检查得分情况见表 8、表 9。校级质量年报合规性检查排序后 50 名的高等职业学校见表 10。

表 8　中等职业教育地市级质量年报合规性检查省份排名情况

省份	排名	省份	排名
广东省	1	江西省	17
江苏省	2	北京市	18
辽宁省	3	福建省	19
四川省	4	甘肃省	20
黑龙江省	5	贵州省	21
山西省	6	云南省	22
湖南省	7	浙江省	23
湖北省	8	新疆生产建设兵团	24
重庆市	9	河南省	25
广西壮族自治区	10	河北省	26
安徽省	11	新疆维吾尔自治区	27
上海市	12	陕西省	28
天津市	13	宁夏回族自治区	29
内蒙古自治区	14	吉林省	30
山东省	15	西藏自治区	31
青海省	16	海南省	32

表 9　高等职业学校校级质量年报合规性检查省份排名情况

省份	排名	省份	排名
浙江省	1	上海市	17
湖南省	2	江西省	18
江苏省	3	宁夏回族自治区	19
辽宁省	4	吉林省	20
广东省	5	北京市	21
青海省	6	四川省	22
新疆生产建设兵团	7	贵州省	23
山西省	8	黑龙江	24
山东省	9	甘肃省	25
安徽省	10	福建省	26
湖北省	11	内蒙古自治区	27
天津市	12	海南省	28
云南省	13	陕西省	29
河南省	14	广西壮族自治区	30
重庆市	15	新疆维吾尔自治区	31
河北省	16	西藏自治区	32

表 10　校级质量年报合规性检查得分排序全国后 50 名高等职业学校

地区	报送学校数	后 50 名学校数	后 50 名学校
广西壮族自治区	45	6	广西机电职业技术学院、广西经济职业学院、广西科技职业学院、桂林山水职业学院、桂林生命与健康职业技术学院、桂林师范高等专科学校
内蒙古自治区	35	6	科尔沁艺术职业学院、内蒙古北方职业技术学院、内蒙古丰州职业学院、内蒙古经贸外语职业学院、内蒙古能源职业学院、鄂尔多斯生态环境职业学院

续表

地区	报送学校数	后50名学校数	后50名学校
陕西省	38	6	宝鸡三和职业学院、陕西电子信息职业技术学院、神木职业技术学院、西安城市建设职业学院、西安健康工程职业学院、榆林能源科技职业学院
贵州省	44	5	贵州工贸职业学院、贵州民用航空职业学院、贵州盛华职业学院、贵州食品工程职业学院、黔西南民族职业技术学院
四川省	74	4	四川国际标榜职业学院、四川文化传媒职业学院、四川应用技术职业学院、西昌民族幼儿师范高等专科学校
新疆维吾尔自治区	30	4	塔城职业技术学院、新疆科技职业技术学院、新疆能源职业技术学院、新疆现代职业技术学院
安徽省	71	3	安徽黄梅戏艺术职业学院、安徽现代信息工程职业学院、合肥科技职业学院
河北省	56	3	保定职业技术学院、石家庄城市经济职业学院、石家庄人民医学高等专科学校
福建省	49	2	福州黎明职业技术学院、泉州工程职业技术学院
北京市	26	1	北京网络职业学院
河南省	84	1	郑州工业安全职业学院
黑龙江	39	1	哈尔滨城市职业学院
湖北省	59	1	武汉航海职业技术学院
吉林省	26	1	延边职业技术学院
江西省	58	1	江西医学高等专科学校
辽宁省	41	1	大连软件职业学院
宁夏回族自治区	11	1	宁夏艺术职业学院
西藏自治区	3	1	拉萨师范高等专科学校

续表

地区	报送学校数	后 50 名学校数	后 50 名学校
云南省	49	1	云南科技信息职业学院
浙江省	48	1	浙江邮电职业技术学院

6.5 政策保障

颁布实施新《职业教育法》，夯实法治基础。新《职业教育法》立足职业教育改革发展实际，将实践成果、实践经验上升为法律规范，为新时代职业教育高质量发展筑牢法律基础。各地创新多种形式学习宣传新《职业教育法》，积极营造良好的职业教育发展氛围。四川省将学习宣传新《职业教育法》纳入年度职业教育活动周重点任务，通过专题讲座、座谈研讨、交流论坛等多种形式组织专题学习。**山东省**通过山东教育报刊、山东教育卫视、《大众日报》教育周刊等教育媒体宣传新《职业教育法》。各地依据新《职业教育法》，启动相关法律条例修订并配套相关法规制度，在制度层面不断建立健全职业教育相关法规和制度体系，以实际举措推动新《职业教育法》落地，为提高职业教育人才培养质量、优化职业教育类型定位提供制度保障。**安徽省**制定《实施〈中华人民共和国职业教育法〉办法》，推进新《职业教育法》在地方落地，并在地方立法层面对省内近年来系列职业教育改革发展的政策措施以及长期工作实践中形成的可复制、可推广的典型经验和成熟做法进行固化。**河北省**以新《职业教育法》为依据，及时研究调整与该法不一致、不协调的相关政策和工作举措，将《河北省实施〈中华人民共和国职业教育法〉办法》修订工作纳入立法规划。

开展数字化战略行动，筑牢平台保障。国家启动实施职业教育数字化战略行动，服务数字化时代技术技能人才培养。2022 年，国家职业教育智慧教育平台正式发布，上线运行“专业与课程服务中心”“虚拟仿真实训中心”“教师能力提升中心”“教材资源中心”和德育、体育、美育、劳动教育等模块，截至 2022 年底，平台已汇聚各类资源 556 万余条，其中，视频 47 万余条、图文 13 万余条，接入国家和省级专业教学资源库 854 个、精品在线开放课程 6 628 门、视频公开课 2 222 门，累计访客 2.77 亿人，单日访问最高 814 万余人、最低 222 万余人[1]，数字化资源总量和质量大幅提高，数字技术和信息技术有效融入职业教育教学和管理全过程，为教学改革和治理变革提供了重要保障。对接国家平台，**天津市、山西省、内蒙古自治区、辽宁省、湖北省、海南省、重庆市、贵州省、云南省、西藏自治区、甘肃省、宁夏回族自治区、新疆维吾尔自治区、新疆生产建设兵团** 14 省份积极推进地方职业教育智慧教育平台建设试点。**北京市、上海市、江苏省、浙江省、安徽省、福建省、江西省、湖南省、四川省、青海省** 10 省份开展省级职业教育数字化转型整省试点，312 所职业学校入选教育部第一批数字校园建设试点，职业学校校本数据中心和数字化基础条件建设加速推进[2]。**湖南省**以入选国家职业教育智慧教育平台分项试点省份为契机，突出“抓应用、促发展”，积极探索职业教育信息化建设的新路径新方法，通过变革课堂教学模式、开发湖湘特色资源、加强国省平台联动，加快职业教育数字化步伐，努力推动现代职业教育高质量发展。**北京市**制订《北京职业教育智慧教育平台试点方案》，完善智慧教育平台总体架构设计，要求各高等职业学校广泛使用国家智慧教育平台提供的优质资源优先服务师生和社会急需，完成国家智慧教育平台试点任务。**青海省**将国家智慧教育平台整省试点列为年度重点工程，按照“国家平台 + 本地特色”融合应用的原则，建立覆盖主要专业和课程的国家、省、校三级数字化教学资源体系，有力推动教学内容、教学方式、教学评价改革。

[1][2] 数据来源：根据教育部职成司数据统计

案例 59：建设高水平数字资源，推动数字化转型发展

北京昌平职业学校建立课程、精品课程、在线精品课程三级教学资源建设机制，以北京市特色高水平职业学校建设项目为抓手，完成 100 门课程的配套数字化教学资源建设，2 门成功上线国家职业教育智慧教育平台，与更多师生共享优质教育资源。

江西旅游商贸职业学院加快推进数字校园建设试点，以数字化转型赋能内涵建设与发展，探索搭建“数字旅商”校园综合平台、校本大数据中心，率先完成全部校本数据对接，数字化教学资源进一步丰富，教职工数字化素养明显提升，学校虚拟仿真综合实训大楼获批国家级职业技能竞赛集训基地，2 门课程入选职业教育国家在线精品课程。

浙江药科职业大学构建在线精品课程培育、遴选、共享和持续更新机制，促进办学模式、育人方式、教学方法和考核评价的数字化重塑，促进形成更加多样、更具活力的校园新生态，为技术技能人才培养提供有效保障。

稳步发展职业本科教育，完善体系支撑。贯彻落实习近平总书记关于“稳步发展职业本科教育”的重要指示精神，教育部有序推进职业本科教育发展，指导各地科学制定“十四五”职业本科学校设置规划。2022 年，全国共有本科层次职业学校 32 所，设置四年制本科专业 155 个，专业布点数 615 个，在校生 134 349 人[1]，年度招生 7.63 万人[2]。各地稳步推进“十四五”职业本科学校设置与申报工作，同步探索职业本科教育发展的地方政策与实践。**北京市**印发《关于开展本科层次职业学校申报工作的通知》，启动本科层次职业学校试点工作。**四川省**通过 2+2、1+3 等培养模式，在重点专业联合开展本科层次职业教育人才培养改革试点工作。**山东省**增加“职教高考”本科层次招生计划，通过“职教高考”为职业本科人才培养提

[1] 数据来源：全国高等职业学校人才培养工作状态数据采集与管理平台

[2] 数据来源：2022 年全国教育事业发展基本情况

供生源保障。**河北省**对3所本科高职学校拟设置本科专业的人才培养方案实行“一校一策”，严格人才培养方案制订把关，保障职业本科人才培养质量。**江西省**制定《江西省本科层次职业学校学士学位授权与授予审核管理办法（试行）》，对本科层次职业学校学士学位授权与授予审核工作健全制度保障。

发挥重大专项带动作用，强化项目引领。教育部、财政部联合推进“双高计划”建设，2022年投入央财专项建设资金21.78亿元，拉动地方各级财政投入53.47亿元、举办方投入1.36亿元、行业企业支持17.76亿元、学校自筹74.82亿元，助力197所建设单位完成年度有效绩效指标70 672个，年度指标完成率达96.89%[1]。两部启动实施“双高计划”中期绩效评价，在院校自评、省级评价基础上，完成197所建设单位的两部评价。国家“双高计划”项目示范带动作用明显，带动31个省（直辖市、自治区）启动实施省级“双高计划”建设，覆盖921所省级高水平高等职业学校和2 267个省级高水平专业群。贯彻落实教育部等九部门“提质培优三年行动计划”，各地陆续开展中等职业学校“双优计划”项目建设，促进中等职业教育整体提质增效，截至2022年，全国省级“双优计划”项目共覆盖学校2 003所、专业（群）3 734个[2]。**湖北省**首批立项建设省级优质中等职业学校70所、省级优质专业120个，引导各中等职业学校结合自身办学优势与特色，进一步聚焦重点任务与举措，着力夯实基础、补齐短板、激发活力、树立标杆、提高质量。**青海省**启动实施省级“双优计划”项目建设，制定发布《青海省中等职业教育优秀学校和优质专业建设实施方案》，首批立项建设优秀学校8所、优质专业（群）12个。**上海市**加大力度推进13所市级优质中等职业学校建设，强化优质校建设的跟踪检查与过程监测，为全市中等职业学校高质量发展发挥重要带动作用。**重庆市**以65所市级“双优计划”中等职业学校为依托，推动全市中等职业学校强化治理体系和治理能力现代化建设。

[1] 数据来源：教育部、财政部“双高计划”2022年度绩效数据分析报告

[2] 数据来源：全国中等职业学校管理信息系统

7 面临挑战

办学条件不充分对职业教育高质量发展提出挑战。办学条件是职业教育高质量发展的基础。近年来各级政府虽然增加了职业教育经费投入，改善了办学条件，但职业学校底子薄、历史欠账多，投入总量不足，办学条件总体薄弱，仍然制约职业教育高质量发展。一是基础设施等硬件建设滞后影响了职业教育办学吸引力。对照基本办学条件指标，核心的教学条件、监测指标全部合格的中等职业学校只占到总数的 1/4，高等职业学校只有总数的 1/5[1]；中等职业学校办学条件差异大、布局不合理、优质资源分布不均衡，高等职业学校总体办学规模激增，办学资源被稀释；不同地区和不同行业之间，还存在着教育资源的巨大差距。二是师资队伍薄弱影响了职业教育人才培养质量。2022 年，部分中等职业学校教师尚有缺编现象，专任教师总量不足，师生比未达到 1∶20；专任教师中“双师型”教师比例未超过 30%，难以满足高素质劳动者和技能型人才培养需求。全国高等职业学校生师比 18∶1 的达标率只有 34.70%[2]，影响了高层次技术技能人才培养。三是经费投入不足制约了职业教育改革发展。职业教育财政性教育经费投入在同级教育中占比少，呈现差距逐年拉大态势，2022 年，全国中等职业教育经费总投入为 3 238 亿元，占高中阶段教育经费的 33.89%；高等职业教育经费总投入为 3 392 亿元，占高等教育阶段教育经费的 20.69%[3]。财政性教育经费投入增长力度滞后于学生规模的增长，高等职业教育尤为明显。经费投入主要是依靠各级政府财政性经费，社会力量多元投入机制尚未形成。

数字技术快速发展对职业教育适应性提出新挑战。2022 年，教育部发布了《教师数字素养》教育行业标准，为提升职业学校教师数字化教学能力提供了坚实制度保障。新一代信息技术加速演进、交替突破和科教融

[1] 数据来源：2023 年 5 月 19 日“高水平学校与专业群建设研讨会”报告资料

[2] 数据来源：全国高等职业院校人才培养工作状态数据采集与管理平台

[3] 数据来源：教育部 2022 年全国教育经费执行情况统计

汇的迫切要求，对职业教育专业发展、资源建设、学校治理能力提出新挑战。一是专业转型升级滞后于产业数字化发展新态势。产业的数字化转型升级和技术的变革对人才培养提出了新要求，职业学校对传统专业数字化改造和专业结构调整缺乏顶层设计和系统谋划，现有专业体系不能较好适应数字化人才培养新趋势；当前我国数字人才缺口在 2 500 万到 3 000 万[1]，职业教育数字人才供给、高水平的数字技术创新平台和高水平科技创新团队无法有效满足数字经济社会发展新需求。二是优质数字化教学资源供给不适应职业教育教学新常态。目前，国家级职业教育专业教学资源库仅有 203 个，与国家大力推进职业教育数字化转型需求尚有差距；数字化教学资源开发系统性、规范化不够，现有资源内容更新不及时；传统在线教学仍存在沉浸感不足、交互体验感不强、远程实训效果不佳等情况，无法有效满足学生多样化、个性化学习需求。三是职业学校治理能力难以应对职业教育数字化发展新变化。职业学校数字校园建设仍存在信息孤岛和数据壁垒；治理机制模式受限于现有经验和管理者水平，智能化治理、决策、评价不够规范和深入；适应数字经济发展的教育教学管理服务体系仍不健全；数字化教育教学监管尚缺乏统筹规划和安全保障。

人口变动对职业教育未来发展提出新挑战。人口是社会生产生活的主体，也是职业教育发展的基础。2022 年末我国总人口 14.1175 亿，较上年减少 85 万人，人口自然增长率是 –0.6‰[2]。人口规模、结构、迁移和红利转型等变动情况对职业教育未来发展提出新的要求和挑战。一是人口规模变动对职业教育稳定发展产生深远影响。随着人口负增长态势日益加剧，相应阶段教育适龄人口数持续减少，将对职业教育区域发展协调性、人才培养均衡性、纵向学段贯通性和横向类型融通性等产生深远影响；教育适龄人口减少将对一些办学条件不够好、育人水平不够高、缺乏竞争力和吸引力的职业学校生存发展造成极大冲击，进而影响整个职业教育稳

[1] 数据来源：人瑞人才联合德勤中国、社会科学文献出版社发布的《产业数字人才研究与发展报告（2023）》

[2] 数据来源：国家统计局

定发展。二是人口结构变动对职业教育服务供给构成重大影响。劳动年龄人口占比持续下降、劳动者就业产业结构变化、老年人口占比持续增长和新增劳动力平均受教育年限延长等，迫切需要职业教育在提高劳动者职业素养和技能水平、开发人力资源和厚积人力资本、培养更多“为老”技术技能人才、广泛开展社会性职业培训等方面加大服务供给。三是人口迁移变动对区域职业教育改革发展构成直接挑战。随着城镇化进程不断加快和人口流动配套政策日趋完善，农村向城镇、小城市向大城市迁移人口数量逐年增加，迁移人口入学、就业和再培训等需求愈加复杂多元，对区域职业教育办学规模、层次结构、学校布局、专业设置、教学方式和育人方案等提出新的更高要求。四是人口红利转型对职业教育培养更多高素质技术技能人才、能工巧匠、大国工匠提出战略性要求。当前，我国正处于数量型人口红利和质量型人口红利的高度交织期，且质量型人口红利占据主导优势地位。职业教育作为开发质量型人口红利的重要渠道，在培养更多高技能人才、开发特殊群体人力资源、厚植人口红利新优势等方面应对不够有力，与加快建设教育强国、科技强国、人才强国的战略性要求还有一定距离。

附录　年度热点

顶层设计

新修订的《中华人民共和国职业教育法》正式实施

2022 年 5 月 1 日，新《职业教育法》正式施行。这是该法自 1996 年颁布 26 年以来的首次大修。新《职业教育法》从五章四十条完善至八章六十九条，篇幅由原来的 3 000 多字增加到 10 000 多字，内容大大拓展，针对性和可操作性更强，体系结构更加完备。新《职业教育法》指出"职业教育是与普通教育具有同等重要地位的教育类型"，明确国家鼓励发展多种层次和形式的职业教育，着力提升职业教育认可度，建立健全现代职业教育体系，深化产教融合、校企合作，完善职业教育保障制度和措施等内容。

此次职业教育法修订，恰逢其时、意义重大、影响深远。一方面，新《职业教育法》以《中华人民共和国宪法》为依据，在法律地位上与《中华人民共和国教育法》并列，从法律的权威高度稳固了职业教育的地位，为推动职业教育与普通教育既自成体系又相互融通、推进建设现代职业教育体系提供了法理依据。另一方面，新《职业教育法》直面职业教育发展痛点，积极回应社会关切，在诸多方面实现了新突破，特别是对职业教育定位、职普分流、办学主体、断头路等社会关注热点问题予以积极回应，为提升职业教育认可度、引导职业教育科学健康发展提供了法律保障。

《中华人民共和国职业分类大典（2022年版）》正式发布

2022年9月，人力资源和社会保障部向社会发布了新修订的《中华人民共和国职业分类大典（2022年版）》（以下简称2022版《职业分类大典》）。这是自1999年颁布首部国家职业分类大典以来的第二次全面修订。此次修订遵循客观性、科学性、创新性原则，保持了2015版《职业分类大典》确立的8个大类总体结构，但对分类体系进行了修订。具体来说，围绕数字经济、绿色经济、制造强国和依法治国等要求，专门增设、取消或调整了相关中类、小类和职业，净增了158个新职业，首次标识了97个数字职业，职业数达到1 639个。

职业分类大典是职业分类的成果形式和载体。紧跟新技术、新职业发展，动态调整职业分类，具有重要的现实意义。此次2022版《职业分类大典》修订突出强调了全面贯彻新发展理念、服务产业转型升级的需要，充分反映了数字经济和绿色产业的新要求，体现了汇聚群智、与时俱进、求新务实的特点。2022版《职业分类大典》的发布对于落实立德树人根本任务、规范职业院校教育教学、开展职业教育培训和就业指导以及开展需求预测、统计分析等科研工作具有重要的基础性意义和导向性价值。

中办、国办印发《关于加强新时代高技能人才队伍建设的意见》

2022年10月，中共中央办公厅、国务院办公厅印发《关于加强新时代高技能人才队伍建设的意见》（以下简称《意见》），共六部分十九条。《意见》一方面从人才培养端着力，提出健全高技能人才培养体系、创新高技能人才培养模式、加大急需紧缺高技能人才培养力度等；另一方面从制度设计上发力，提出完善技能导向的使用制度、建立技能人才职业技能等级制度和多元化评价机制、建立高技能人才表彰激励机制。《意见》提出，到“十四五”时期末，技能人才规模不断壮大、素质稳步提升、结构持续优化、收入稳定增加，技能人才占就业人员的比例达到30%以上，高技能人才占技能人才的比例达到1/3。

这是继2006年《关于进一步加强高技能人才工作的意见》发布以来，中共中央办公厅、国务院办公厅第二次就高技能人才队伍建设下发文件，为做好新时代高技能人才工作提供了根本遵循。《意见》坚持问题导向，聚焦高技能人才队伍建设的薄弱环节和关键问题，多角度、全方位提出了一系列新要求、新举措，为破解制约高技能人才队伍建设的体制机制障碍指明了方向，对于缓解就业结构性矛盾、深入推进人才强国战略具有重要意义。

党的二十大对职业教育提出新要求

党的二十大报告指出“统筹职业教育、高等教育、继续教育协同创新，推进职普融通、产教融合、科教融汇，优化职业教育类型定位”，提出“健全终身职业技能培训制度，推动解决结构性就业矛盾”，强调“推进教育数字化，建设全民终身学习的学习型社会、学习型大国”、加快建设包括大国工匠和高技能人才在内的“国家战略人才力量”。

党的二十大报告阐明了深化现代职业教育体系建设改革的内在逻辑和实践要求，以马克思主义系统观、整体观阐发了“统筹职业教育、高等教育、继续教育协同创新，推进职普融通、产教融合、科教融汇，优化职业教育类型定位”的发展思想，突破了以往分层、分类考虑教育发展问题的局限性。首次明确将“大国工匠”和“高技能人才”纳入“国家战略人才”行列，指明了职业教育融入科教兴国战略、人才强国战略和创新驱动发展战略的努力方向，体现了党中央对职业教育改革发展的新要求，为职业教育高质量发展提供了行动指南。

中办、国办印发《关于深化现代职业教育体系建设改革的意见》

2022年12月21日，中共中央办公厅、国务院办公厅印发《关于深化现代职业教育体系建设改革的意见》(以下简称《意见》)，内容包括总体要求、战略任务、重点工作和组织实施四个部分共计十四条。《意见》提出以深化供给侧结构性改革、构建各方互动联动协同发展机制为改革方向，以探索省域体系建设新模式、打造市域产教联合体和行业产教融合共同体为战略任务，做好关键办学能力提升、“双师型”教师队伍建设、建设开放型区域产教融合实践中心、拓宽学生成长成才通道和创新国际交流与合作机制五个方面的重点工作。

这是继 2021 年 10 月《关于推动现代职业教育高质量发展的意见》发布以来，中共中央办公厅、国务院办公厅再次就职业教育改革工作印发指导性文件，体现了党中央、国务院对职业教育改革发展的持续、高度重视。《意见》聚焦职业教育改革实践中的难点痛点问题，明确了现代职业教育体系建设改革的方向，提出了一系列新主张、新举措、新机制，为深入贯彻党的二十大精神、持续推进现代职业教育体系建设改革、推动现代职业教育高质量发展指明了前进方向。

改革发展

实施职业教育数字化战略行动

2022 年，我国启动实施教育数字化战略行动，职业教育领域同步启动职业教育数字化战略行动。根据“搭建优质平台、汇聚海量资源、整合数据系统、提升基础条件、赋能数字应用”的工作思路，以建设国家职业教育智慧教育平台为重要抓手，职业教育数字化战略行动取得明显进展。截至 2022 年 12 月底，国家职业教育智慧教育平台提供在线课程 3.2 万门，覆盖近 600 个职业教育专业。15 个整省试点省级平台已接入国家平台，有效支持了不同地区、学段、学校、专业的师生共享优质教育资源。

实施教育数字化战略行动是教育系统贯彻党中央、国务院决策部署的实际行动，是以高水平的教育信息化引领教育现代化的必然要求。抓住数字教育发展战略机遇，以数字化赋能职业教育高质量发展，是我国在国际职业教育竞争中下好先手棋、抢占制高点、扩大影响力的战略选择。实施职业教育数字化战略行动，推动职业教育变革和创新，优化优质职业教育资源供给服务，对于实现更加公平更有质量的职业教育，构建全民终身学习的学习型社会、学习型大国具有重要意义。

完成“双高计划”中期绩效评价

2022 年 4 月 22 日，教育部办公厅、财政部办公厅联合印发通知，部署“双高计划”中期绩效评价工作，明确此次评价采取自下而上、上下结合的方式，以建设单位自评为基础、省级评价为重点、教育部和财政部两部评价为引导。“双高计划”建设中期绩效评价从支撑国家战略、服务区域发展的贡献度等方面对建设单位进行考核评价。经综合评价，160 所学校获得“优秀”，37 所学校获得“良好”。

“双高计划”中期绩效评价，是对过去三年“双高计划”建设成果的全面审视，是持续提升“双高计划”建设质量的必要手段，对于确保“双高计划”科学高效实施、推动职业院校高质量发展具有十分重要的意义。中期绩效评价给予了“双高计划”建设单位自我检查、接受监督的机会，是督促建设单位保质保量完成目标任务的有力手段。系统总结第一轮“双高计划”的成效和经验、凝练特色与亮点、分析问题和不足，有助于夯实新一轮“双高计划”建设基础。

首届职业教育本科学生毕业

2022 年 6 月，南京工业职业技术大学、海南科技职业技术大学等本科高等职业学校陆续举行毕业典礼暨学士学位授予仪式，我国职业教育迎来了首届本科层次毕业生，就业情况良好，受到广泛关注。其中，南京工业职业技术大学作为我国第一所公办本科高等职业学校，首届 903 名本科生获得职业本科层次的毕业证和学位证。

职业本科的设立打破了职业教育的“天花板”，为学生发展提供了新的出路，极大增强了职业教育战线的信心，提升了职业教育满意度和吸引力。首届职业教育本科学生毕业，意味着职业教育在教育体系内部更高一级“梯田”里收获了第一茬果实，标志着我国“中职－专科高职－本科高职”纵向贯通的职业教育体系已经确立。这是我国职业教育发展史上一个重要的里程碑，是强化职业本科的牵引作用、深化现代职业教育体系建设改革取得突破性进展的标志性事件。

首届世界职业技术教育发展大会成功举办

2022 年 8 月 19 日，首届世界职业技术教育发展大会在天津开幕。来自 123 个国家（地区）的政府机构、国际组织、行业企业、学校、研究机构代表出席大会，教育部部长怀进鹏发表主旨演讲。大会形成了《天津倡议》，发布了《中国职业教育发展白皮书》。同期成立了世界职业技术教育发展联盟，举办了首届世界职业院校技能大赛、世界职业教育产教融合博览会，形成了“会、盟、赛、展”的国际交流合作新范式。

本届世界职业技术教育发展大会是中国政府首次发起并主办的国际性职业教育大会，对搭建各国职业教育界深化交流合作的有效机制和平台具有重要的现实意义，同时也标志着我国职业教育国际交流和合作开辟了新主场，转入主动作为的新阶段。举办大会既是落实全球发展倡议的重要行动，也是服务新发展格局的重要举措，还是推动我国职业教育高质量发展的重要途径。以此为契机，我国将持续深化与国际高水平职业教育机构和组织的交流合作，继续推广“中文 + 职业技能”教育，不断完善“鲁班工坊”建设标准，加快中国职业教育“走出去”步伐。

新版《职业教育专业简介》正式发布

2022 年 9 月，教育部发布新版《职业教育专业简介》（以下简称“新版《简介》”），对职业教育全部 19 个专业大类、97 个专业类的 1 382 个专业进行了全面、系统、权威的阐释。新版《简介》立足增强职业教育适应性，体现中职、专科高职、本科高职的人才培养的定位区别与关联。在内容上，将原“就业面向”调整为“职业面向”，更加明确本专业对应的职业、岗位群或技术领域；将原“职业能力要求”和“主要职业能力”调整为“主要专业能力要求”，突出根据典型工作任务分析出的主要专业能力要求；将原“专业教学主要内容”和“核心课程与实习实训”调整为“主要专业课程与实习实训”，专业课程体系更加完整，对各学校制订专业人才培养方案的指导性更强。

《职业教育专业简介》是介绍专业基本信息与人才培养核心要素的标准文本，是职业教育国家教学标准体系的重要组成部分。此次新版《简介》的发布是新时期职业教育主动适应经济结构和产业变革的重要举措，为加快更新完善职业教育专业教学标准、实训教学条件建设标准、岗位实习标准等系列标准提供了参考依据，也为职业院校全面修订人才培养方案、优化专业定位、更新课程体系提供了基本遵循。

职业教育国家级教学成果奖评审

2022 年 9 月，教育部启动 2022 年国家级教学成果奖评审工作，共设特等奖 2 项、一等奖 70 项、二等奖 500 项，较 2018 年增加了 120 个奖项。经专家评审、评审委员会审议，评选出 2022 年职业教育国家级教学成果奖拟授奖成果 572 项，内容覆盖职业院校落实立德树人根本任务、创新人才培养机制、优化专业群建设、深化产教融合等方面。据统计，全国共有 340 所职业学校以第一完成单位获奖，有 138 所“双高计划”建设学校获奖。

职业教育国家级教学成果奖每四年评审一次，是我国职业教育领域最高层次的奖励，代表着我国职业教育教学改革创新的最高水平。本届评审工作是自《国家职业教育改革实施方案》颁布、我国职业教育进入了改革发展新阶段以来，对全国职业教育领域教学成果的首次评审。它不仅是对职教战线获奖单位及个人的荣誉和认可，更是对我国职业教育完善类型特色、增强适应性、提高发展质量的推动和促进。

启动国家层面职业教育“双师型”教师认定工作

2022 年 10 月 25 日，教育部印发《关于做好职业教育“双师型”教师认定工作的通知》正式启动了国家层面的认定工作，明确要加快推进职业教育“双师型”教师队伍高质量建设，健全教师标准体系。同时配套发布《职业教育“双师型”教师基本标准（试行）》，进一步规范了职业教育教师标准体系。该标准将“双师型”教师分为中职和高职两类，并划分为初、中、高三级，突出对理论教学和实践教学能力的考察，强调职业院校教师要紧跟产业发展，及时将新技术、新工艺、新规范融入教学。

职业教育教师队伍建设是系统工程，也是长远大计。国家层面职业教育“双师型”教师认定工作的启动是职业教育贯彻党的二十大精神，落实新《职业教育法》和《中共中央 国务院关于全面深化新时代教师队伍建设改革的意见》等文件要求的重要举措，是教育部职业教育教师队伍能力提升行动的组成部分。《职业教育“双师型”教师基本标准（试行）》是我国首个国家层面“双师型”教师认定标准，为建设类型特色突出的职业教育教师队伍提供了依据和保障。这标志着我国职业教育教师队伍建设开启了国家行动的新篇章，“双师型”教师认定进入了有国家标准可循的新阶段。

启动职业学校办学条件达标工程

2022 年 11 月 2 日，教育部等五部门制定并印发了《职业学校办学条件达标工程实施方案》（以下简称《方案》）。《方案》明确了职业学校办学条件达标工程的目标任务，制定了路线图和时间表，提出到 2023 年底 80% 以上的职业学校办学条件重点监测指标全部达标，到 2025 年底达标比例提高到 90% 以上。并且从实际出发，对中高职办学条件设置了重点监测指标，强调用定量指标划出办学底线、保证办学基本投入。

办学条件是职业教育高质量发展的基础。此次国家层面职业学校办学条件达标工程的启动和实施，吹响了打好打赢办学条件攻坚战的号角。这既是贯彻落实全国职业教育大会精神和 2022 年《政府工作报告》要求的重要行动，也是进一步优化职业教育布局结构、全面改善职业学校办学条件、提高办学质量、提升办学形象的重要举措，为办好高质量职业教育以及建设教育强国提供有力保障。

启动职业教育现场工程师专项培养计划

2022年11月7日，教育部等五部门联合印发通知，启动实施“职业教育现场工程师专项培养计划”，面向制造业重点领域深入探索中国特色学徒制，培养一大批具备工匠精神和精操作、懂工艺、会管理、善协作、能创新的现场工程师。计划到2025年，累计不少于500所职业院校、1000家企业参加项目实施，累计培养不少于20万名现场工程师。

“职业教育现场工程师专项培养计划”作为贯彻中央人才工作会议和全国职业教育大会精神，进一步优化人才供给结构，加快培养更多适应新技术、新业态、新模式的高素质技术技能人才、能工巧匠、大国工匠的重要战略举措，对于健全产教融合办学体制机制，促进教育链、人才链与产业链、创新链有机衔接，突破技术技能人才发展瓶颈，提高职业教育服务国家现代产业体系建设的能力具有重要作用。

后记

职业教育质量年度报告制度是贯彻落实《国家中长期教育改革和发展规划纲要（2010—2020年）》，推进职业教育质量评价改革、加强社会监督和全面提高人才培养质量的重要举措。2012—2019年，先后发布8期《中国高等职业教育质量年度报告》、3期《中国中等职业教育质量年度报告》；从2020年起，连续发布3期中高职一体化的《中国职业教育质量年度报告》。

《2023中国职业教育质量年度报告》（以下简称《报告》）是在教育部职业教育与成人教育司的大力支持下，由中国教育科学研究院牵头负责，由职业教育战线专家学者、权威媒体悉心指导，由中国教育科学研究院及部分省级教育行政主管部门、院校推荐人选组成写作团队，以各省（自治区、直辖市）和新疆生产建设兵团教育行政部门、高等职业学校、中等职业学校面向社会发布的省、市（县）、校级年度报告为基础，结合相关平台数据和调研数据编写而成。

《报告》采用中高职一体化框架设计，经集体研讨和分工合作完成。由陈子季、李永智、林宇、马陆亭、贾瑞武担任策划，葛道凯、董刚、任占营、马陆亭、孙善学、马树超、孙诚、和震、徐国庆、任君庆、郭扬、经贵宝、翟帆组成专家指导委员会，王新波、宗诚担任主编。“人才培养”由李波（组长）、张可、许世建、曹辉、徐旦执笔完成，“服务贡献”由王博（组长）、李文、江彬、吴佳男执笔完成，“文化传承”由李波（组长）、马新星、潘庆云执笔完成，“国际合作”由李建民（组长）、刘冰雪、许红春执笔完成，“产教融合”由刘英霞（组长）、李靖、杨博、卢进执笔完成，“发展保障”由朱正茹（组长）、杨柳、纪效珲执笔完成。“前言”“面临挑战”由王敬杰（组长）、杜云英、曹菁、袁荣高执笔完成，“年度热点”由王纾（组长）、王春燕执笔完成，“后记”由宗诚执笔完成。《报告》统稿工作由宗诚、刘仁有、李波、李永强、卢梦楠完成。在《报告》编写过程中，得到了北京华职教育科技集团有限公司、新锦成研究院、“职业教育质量保证体系建设研究”课题组、上海新朋程数据科技发展有限公司、领航未来（北京）科技有限公司等提供的数据支持。

感谢《报告》的策划者、专家指导委员会、各省级教育行政主管部门和中国教科院对编写工作的大力支持与指导；感谢教育部职业教育与成人教育司院校发展处、全国高等职业院校校长联席会议、江苏省教育厅、河南省教育厅、天津市教育委员会、天津市教育科学研究院、徐州市教育局、北京电子科技职业学院、山东商业职业技术学院、江苏建筑职业技术学院、河南职业技术学院、天津轻工职业技术学院、中国教育报刊社、高等教育出版社、中国教育电视台、光明日报社对《报告》编写提供的大力支持；感谢李波、吉国庆、陈东、李永强、潘晓莹、姚海龙、陈嘉硕、刘英霞、潘庆云、华群青、胡秋月、刘维全、刘群、陈萌、陈曦、袁荣高、高红梅、王凤姣、王雪娟、崔吉祥、杨博、江彬、马新星、袁学兵、钟文婷、宣丽、赵艳、张洋、陈仕铋、陈平、曾洁、张宏仁、黄文伟、李冬、于浩、王国栋、李勇、孙洋、陈志平、栗延斌、席波、陈立春、隋菱歌、曹菁、杨海、高荣侠、袁延绪、白毛毛、徐佳、姚倩、钟华、俞佳莺、霍琳、王艳、王珊、卢进、沈铁松、王伟伟在各省级、地市级、校级职业教育质量年度报告合规性检查工作中的辛勤付出；感谢弋凡、邢顺峰、朱自锋、黄才华、罗延安、王秋岩、申培轩、姚光业、张志东、王鑫、沈士德、李桂贞、梅乐堂、戴裕崴、李云梅、袁洪志、徐庆、王志刚、李力、李畅、万炜、耿洁、李寿冰、赵朝晖、刘悦凌、肖珑、潘晓艳、陈琳、戴娜、王倩倩、孙京迎、苏蕤、魏浩楠、刘欣欣、谢芳、李洁、霍琳、叶波、周先海、李丹、张浩、尧川、武蕾、朱坤、孙辉、霍丽娟、吴升刚、侯小菊等领导和同仁对《报告》作出的贡献；感谢关心支持《报告》编写与发布的职教战线同仁及社会各界人士！

由于受视角和数据局限及编写时间紧促等制约，《报告》的疏漏与不足在所难免，不妥之处敬请广大读者批评指正。

编者

2023 年 9月

郑重声明

读者意见反馈

为收集对教材的意见建议，进一步完善教材编写并做好服务工作，读者可将对本教材的意见建议通过如下渠道反馈至我社。

咨询电话 400-810-0598

反馈邮箱 gjdzfwb@pub.hep.cn

通信地址 北京市朝阳区惠新东街4号富盛大厦1座

高等教育出版社总编辑办公室

邮政编码 100029